Korte

Konzepte der Unternehmensführung und Organisation

Ein handlungsorientiertes Informations- und Arbeitsheft für die 13. Klasse

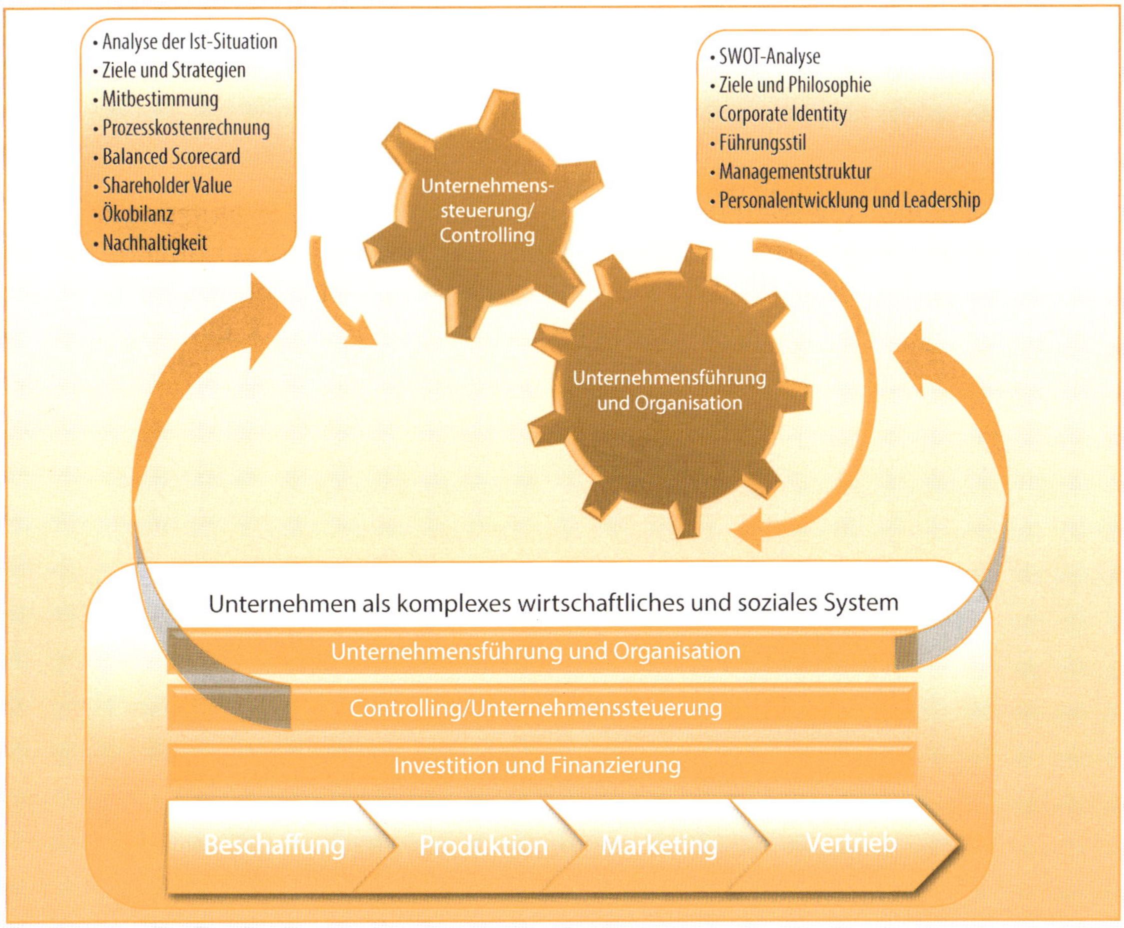

Merkur
Verlag Rinteln

Wirtschaftswissenschaftliche Bücherei für Schule und Praxis
Begründet von Handelsschul-Direktor Dipl.-Hdl. Friedrich Hutkap †

Verfasser:

Anna Maria Korte, Dipl.-Hdl., Oldenburg

* * * * *

3., überarbeitete Auflage 2014

Gesamtherstellung:
Merkur Verlag Rinteln Hutkap GmbH & Co. KG, 31735 Rinteln

E-Mail: info@merkur-verlag.de
lehrer-service@merkur-verlag.de
Internet: www.merkur-verlag.de

ISBN 978-3-8120-**1029-0**

Vorwort

In dem Ihnen vorliegenden Arbeitsheft werden die Lerninhalte der Klasse 13 des beruflichen Gymnasiums Wirtschaft für die Fächer BRC und Praxis anhand eines Modellunternehmens erarbeitet. Außerdem dient es auch zur gezielten Wiederholung wichtiger Themen der Klasse 12 und zur Vorbereitung auf die Abiturprüfung.

Nach einer ausführlichen Analyse der Ist-Situation werden die Arbeitspakete nach der Projektmethode durchgeführt.

Die problem- und entscheidungsorientierten Ausgangssituationen verlangen von Ihnen, sich in verschiedene Perspektiven hineinzuversetzen, z.B. in die Rolle von Herrn Stamm als Geschäftsführer oder in die Rolle von Herrn Hansen als Unternehmensberater oder Sie übernehmen die Position von Mitarbeitern des Unternehmens, um den Sachverhalt aus den verschiedenen Blickwinkeln zu betrachten. Darüber hinaus wurde bei der Konstruktion der Fälle bewusst darauf geachtet, durch möglichst viele Aspekte den Umgang mit Komplexität zu üben.

Umfangreiches Zusatzmaterial durch Informationsblätter steht den Lehrkräften digital und zugleich auch im Lehrerbegleitheft zur Verfügung und kann ggf. von den Schülerinnen und Schülern im Unterricht genutzt werden.

Durch thematische Schwerpunktbildung im Abitur 2015 wurden die Themen **Nachhaltigkeit** und **Ökobilanz** in den Materialien ergänzt.

Oldenburg, im Frühjahr 2014

Anna Maria Korte

Inhaltsverzeichnis

Analyse des Istzustandes im Modellunternehmen

Arbeitspaket 1: Ziele eines Unternehmens

Arbeitspaket 2: Organisationsentwicklung und Managementkonzepte

Arbeitspaket 3: Personalentwicklung und Leadership

Übersicht der Arbeitspakete

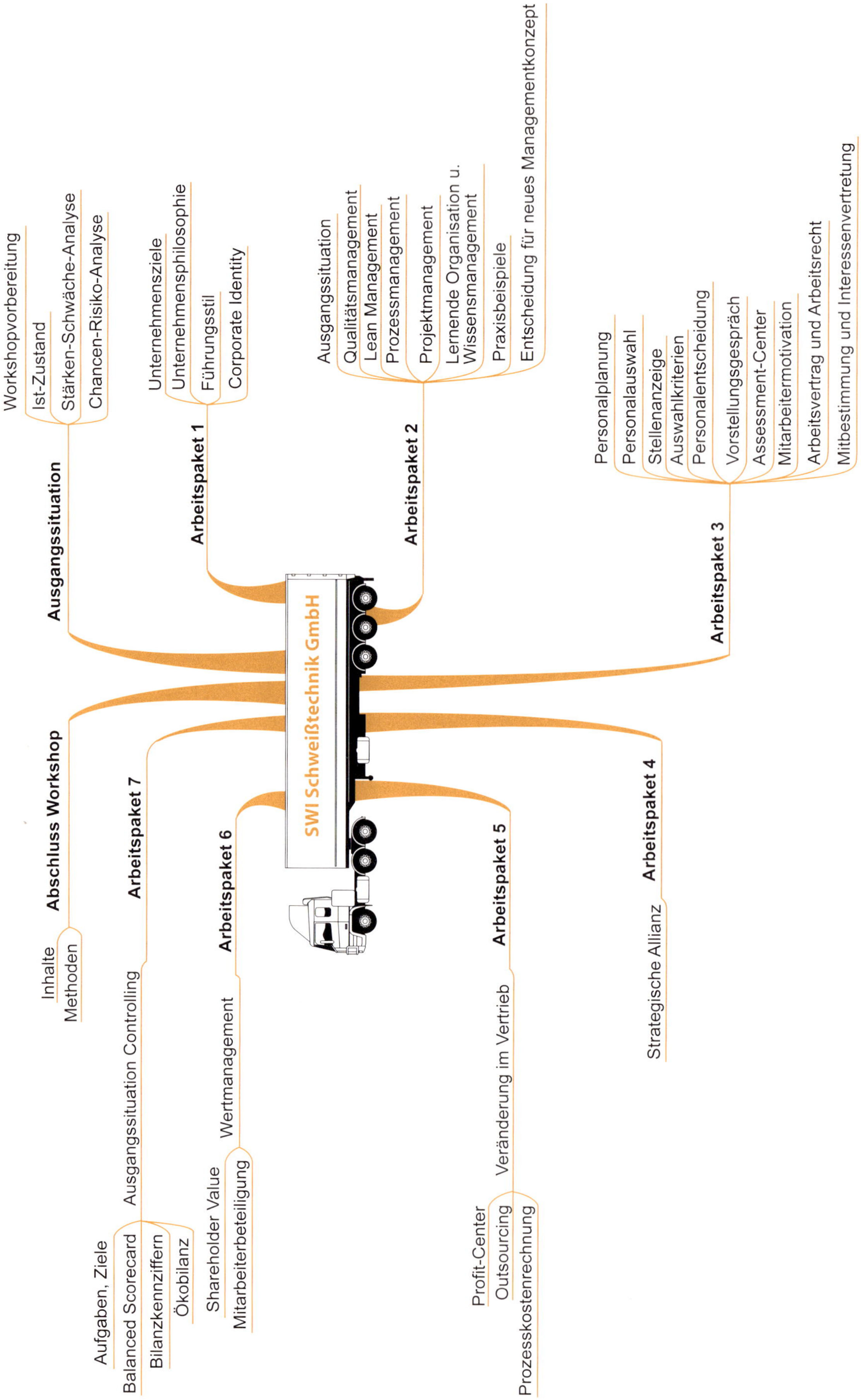

Verzeichnis der Symbole

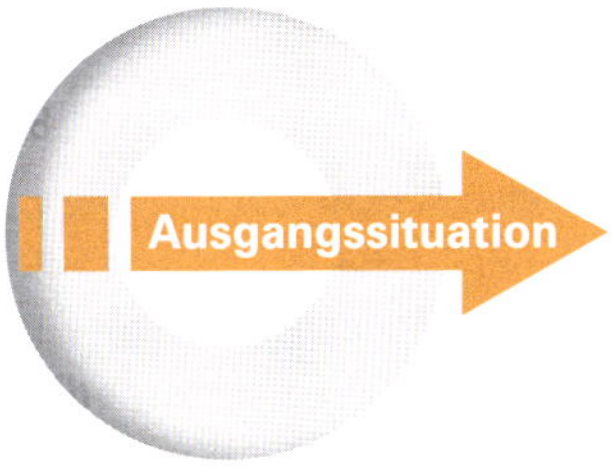

Am Beginn eines Lernprozesses steht stets eine Ausgangssituation, die einen zu lernenden fachlichen Inhalt in Zusammenhang mit einem betrieblichen – hier die SWI Schweißtechnik GmbH – Problem oder Sachverhalt bringt.

Aus der beschriebenen Ausgangssituation entsteht ein Arbeitsauftrag, der z. T. von allen Klassenmitgliedern oder in Gruppenarbeit abgearbeitet werden sollte.

Dieses Symbol steht für **A**rbeits**b**lätter und dient der Strukturierung fachlicher Inhalte. Weiteres Kennzeichen ist, dass hier aktive Mitarbeit gefordert ist.

Im Gegensatz zu Arbeitsblättern liefern **I**nformations**b**lätter das notwendige Hintergrundwissen zur Bearbeitung der Arbeitsaufträge. Eine sorgfältige Bearbeitung ist daher zur Lösung der Ausgangssituationen geboten.

Protokoll**b**lätter sind konkrete Vorlagen, die für die aktive Erarbeitung der Arbeitsaufträge genutzt werden sollen.

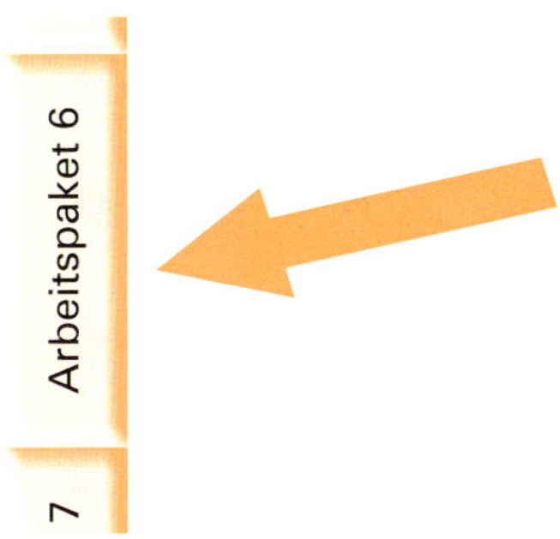

Die Symbolleiste am Rand des Arbeitsheftes dient zur schnelleren Orientierung. Eine Übersicht über die Inhalte der Arbeitspakete wird in dem Mind-Map auf Seite 6 gegeben.

Alle Daten, die mit diesem CD-Logo gekennzeichnet sind, befinden sich auf einer CD im Lehrerbegleitheft sowie im Lehrerbegleitheft selbst.

Advanced Organizer:

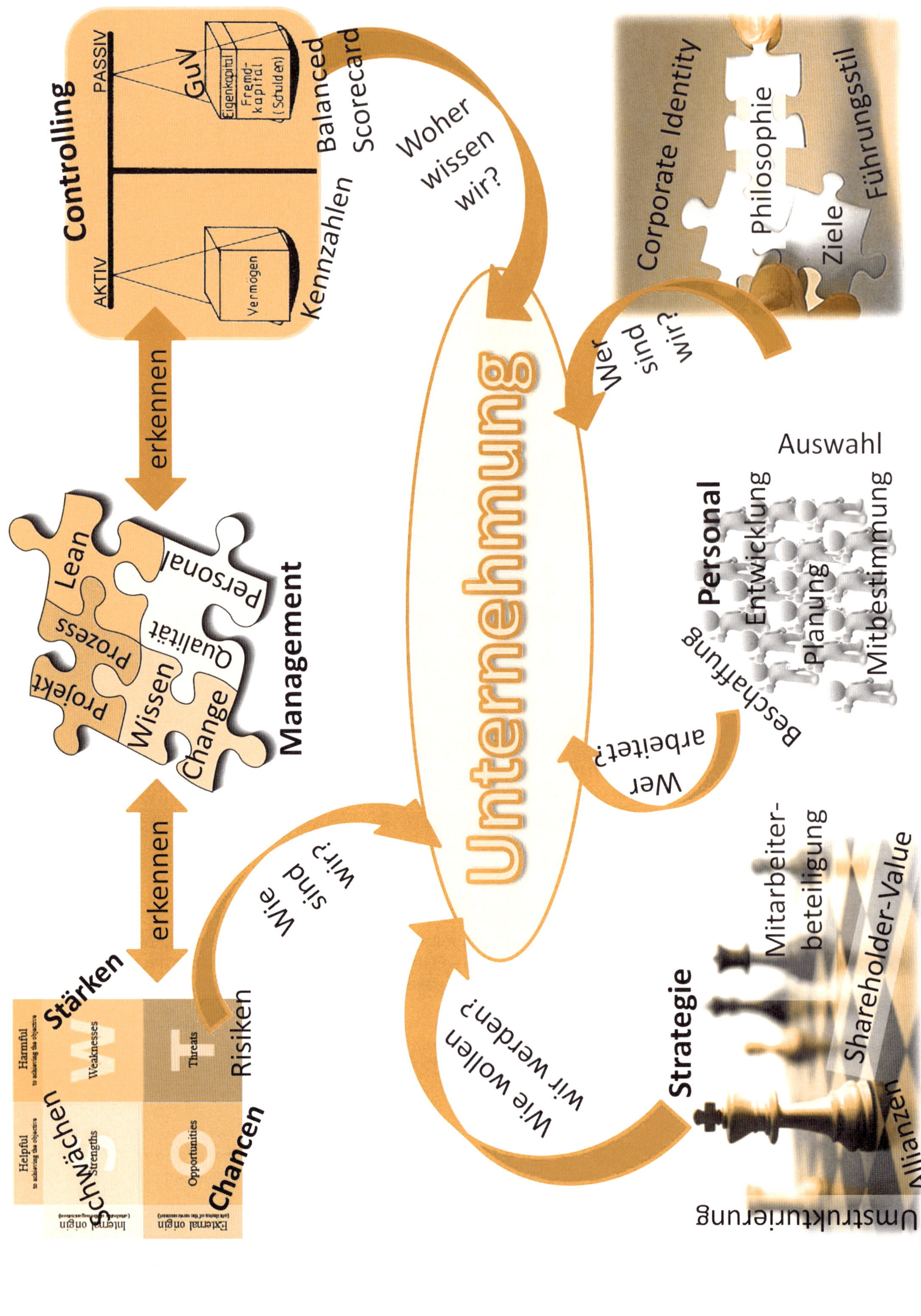

Datenkranz der Schweisstechnik GmbH

Analyse des Ist-Zustands im Modellunternehmen

SWI – mehr als Schweißen![1]

SWI

„... Wir, die SWI Schweißtechnik GmbH, sind ein junges, mittelständisches Unternehmen mit nationaler und internationaler Erfahrung. In unserem Betrieb, in der Industriestraße 6 in Papenburg, stellen wir hochwertige Schweißgeräte und Schweißsysteme her. Das Unternehmen wurde 1980 von Herrn Wenger und mir, Klaus Stamm, gegründet. Gemeinsam mit einigen wenigen Mitarbeitern lag der Unternehmenszweck zunächst im Servicebereich für die Schweißtechnik. Mitte der 1980er Jahre wurden dann die ersten Elektroschweißgeräte selbst gefertigt und vertrieben. Damals trat Herr Ingenkamp als weiterer Gesellschafter dem Unternehmen bei. Mit unseren hochklassigen Elektroschweißgeräten bedienen wir vor allem den Heimwerkermarkt. Mitte der 1990er Jahre wurde außerdem in Oldenburg ein zweiter Standort aufgebaut. Von hier aus werden der Vertrieb sowie die Auftragsabwicklung für den Bereich der MIG Schutzgasschweißgeräte organisiert. In diesem Marktsegment sind wir seit 1995 erfolgreich tätig. Seit 1998 produzieren wir am jetzigen Standort auch individuelle Schweißkomplettsysteme für Großkunden. Dabei handelt es sich um ganze Schweißkabinen mit Einzelarbeitsplätzen und Schweißrobotern. ...“

Das Unternehmen präsentiert sich gelegentlich auf verschiedenen Fachmessen in Deutschland. Der folgende Text ist ein Auszug aus einem Werbeprospekt, der auf Messen benutzt wird.

Eine flexible, anwenderfreundliche Angebotspalette mit erstklassigen Schweißgeräten und Schweißsystemen sind für uns ebenso selbstverständlich, wie die ständige Weiterentwicklung unserer Mitarbeiter und unserer Produkte. Sie sind ein fester Bestandteil unserer Unternehmensphilosophie.

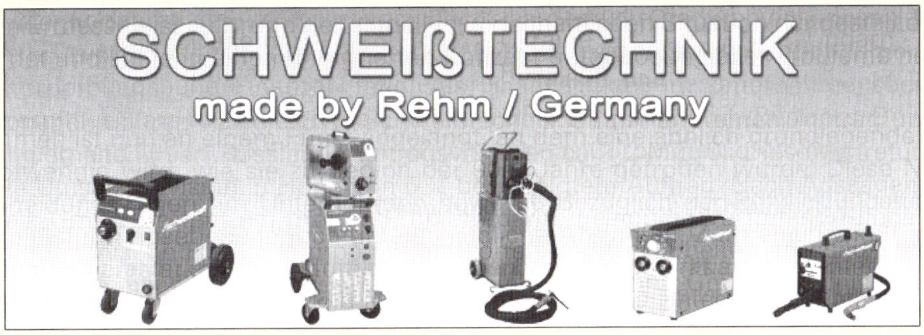

Unsere Produkte sind zu 100 % „Made in Germany“. Alle Geräte werden grundsätzlich einer genauen Qualitätskontrolle unterzogen, angefangen von der Beschaffung der Rohstoffe und Werkstoffe bis zur Endmontage. Bereits während der Planungs- und Entwicklungsphase werden unsere Produkte den härtesten Tests durch unabhängige Gutachter ausgesetzt.

Wir laden Sie herzlich zu einer Betriebsbesichtigung ein, bei der Sie sich von der Spitzenqualität unserer Produkte überzeugen können:

Elektroschweißgeräte	Wir bieten drei Ausführungen von Elektroschweißgeräten für den Heimwerker- bzw. Profianwendungsbereich an.
MIG-Schutzgasschweißgeräte	Eine Produktpalette von Schutzgasschweißgeräten von der kleinen Heimwerkerausführung bis zur Spitzenausführung für den industriellen Einsatz.
Schweißanlagen als Komplettsysteme	Individuell gefertigte Schweißkabinen mit Einzelarbeitsplätzen und Schweißrobotern für den Einsatz in Produktionsstraßen.

1 Auszug aus einer Rede, die Klaus Stamm anlässlich eines Vortrages auf einem Kongress der Industrie- und Handelskammer Ostfriesland und Papenburg gehalten hat.

2 Korte - ISBN 978-3-8120-1029-0

Datenkranz der Schweisstechnik GmbH

Die folgenden Abbildungen sind einer Broschüre entnommen, die Besuchern und Kunden bei Betriebsbesichtigungen ausgehändigt wird.

Lichtbogenschweißen (Elektroschweißen)

Das Elektrodenhandschweißen, kurz E-Handschweißen genannt, ist eines der ältesten Schweißverfahren, das heute noch angewandt wird. Es geht auf die Versuche von Slawjanow zurück, der 1891 als Erster anstelle der bis dahin zum Lichtbogenschweißen üblichen Kohleelektroden einen Metallstab verwendete, der gleichzeitig Lichtbogenträger und Schweißzusatz war. Die ersten Stabelektroden waren nicht umhüllt und daher schwierig zu verschweißen. Später wurden die Elektroden mit Stoffen umhüllt, die das Schweißen erleichterten, das Schweißgut schützten und den Prozess metallurgisch beeinflussten. Das erste Patent über eine umhüllte Stabelektrode stammt aus dem Jahr 1908.

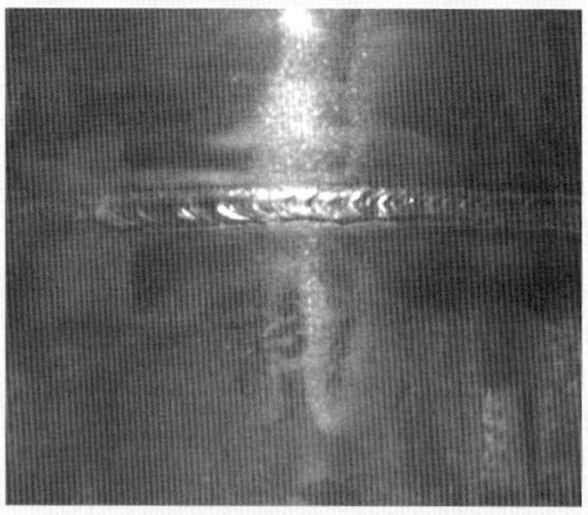

Bei diesem Schweißverfahren wird ein elektrischer Lichtbogen, der zwischen einer Elektrode und dem Werkstück brennt, als Wärmequelle zum Schweißen genutzt. Durch die hohe Temperatur des Lichtbogens wird der Werkstoff an der Schweißstelle aufgeschmolzen. Gleichzeitig schmilzt die Stabelektrode als Zusatzwerkstoff ab und bildet eine Schweißraupe. Zur Erzeugung des Lichtbogens kann Gleich- oder Wechselstrom verwendet werden.

MIG/MAG-Schweißen (Schutzgasschweißen)

Schweißflamme

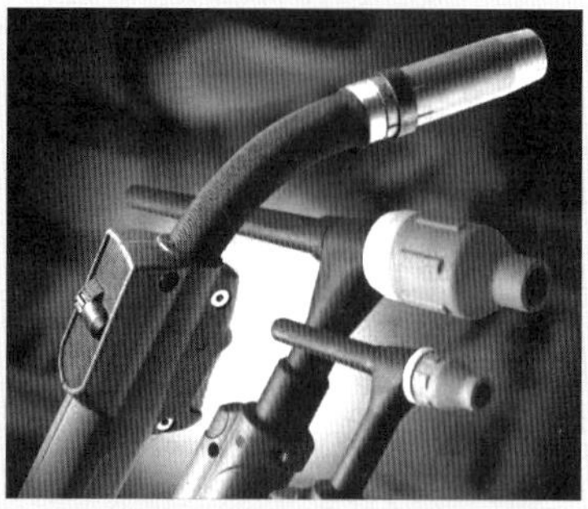

Pistole, aus der der Draht und das Gas geführt wird

Das MIG-Schweißen ist eines der jüngeren Lichtbogenschweißverfahren. Das MIG (Metall Inert Gas)-Verfahren ist ein Lichtbogenschmelzverfahren, bei dem der abschmelzende Schweißdraht von einem Motor in veränderbarer Geschwindigkeit kontinuierlich nachgeführt wird. Gleichzeitig wird die Schweißstelle über eine Düse mit Kohlendioxid oder einem Edelgas (häufig Argon) begast. Dieses Gas schützt das flüssige Metall unter dem Lichtbogen vor Oxidation, die die Schweißnaht schwächen würde. Der Aktivgasanteil (CO_2) sorgt zum einen für eine bessere Wärmeabfuhr, zum anderen bewirkt er eine leichte Anreicherung des Schweißgutes mit Kohlenstoff.

Im Folgenden kommen Mitarbeiter der SWI Schweißtechnik GmbH zu Wort. Sie geben Auskunft über Tätigkeiten bzw. Sachverhalte in ihren Abteilungen[1]. Die Daten, Abbildungen und Tabellen usw. sind betriebsinterne Unterlagen.

1 Vgl. Organigramm, S. 13.

Datenkranz der Schweisstechnik GmbH

Kunden und Lieferanten SWI Schweißtechnik GmbH

Herr Ingenkamp, Engeneering-Berater und Gesellschafter, ist verantwortlich für Werbung und Marketing, gibt Auskunft über die Kunden der SWI Schweißtechnik GmbH:

„Unsere wichtigsten Kunden sind mittelständische und große Maschinenfabriken sowie Heimwerkermärkte und Fachgeschäfte für die Elektroschweißgeräte. In den letzten Jahren belieferten wir auch verstärkt Automobilzulieferer mit kompletten Schweißsystemen und Kabinen. Unsere wichtigsten Kunden können in unserer Debitorendatei eingesehen werden."

Klaus Stamm, Geschäftsführer, erklärt der neuen Auszubildenden Jana Rensen, welche Lieferanten es gibt:

„Wir haben etwa 50 Lieferanten für die Rohstoffe. Für die Stahlbleche usw. haben wir feste Lieferanten, die uns immer höchste Qualität garantieren. Einiges an Teilen, vor allem Elektronikteile, kaufen wir als Fertigteile zu.

Bei der Auswahl unserer Lieferanten achten wir besonders darauf, wie umweltschonend sie bei der Herstellung ihrer Produkte arbeiten. Wir verarbeiten, so weit es geht, nachwachsende Rohstoffe, Fertigteile sollen recycelbar und qualitativ hochwertig sein sowie keine Gift- und Schadstoffe enthalten. Meine Mitarbeiter haben eine ökologische Checkliste im Einkauf erstellt. Für den Transport der Waren stehen uns 10 Lkws zur Verfügung. Die Mitarbeiter von Herrn Ingenkamp, Leiter der Vertriebsabteilung, achten auf eine mögliche Streckenoptimierung, d. h. eine hohe Fahrzeugauslastung bzw. Energieeffizienz."

Herr Steenhof, seit Bestehen des Unternehmens für den Service zuständig, erklärt:

„Seitdem wir neben Schweißgeräten auch Zusatzwerkstoffe (z. B. eigene Brenner, die optimal auf die SWI-Komponenten abgestimmt sind) anbieten, können unsere Kunden alle Vorteile der Schweißgeräte nutzen. Damit übernehmen wir die Verantwortung für die **gesamte Prozesskette,** die besonders von unseren Großkunden seit einigen Jahren gefordert wird. Wir bieten seit Jahren alles an, was der Schweißer benötigt. Die SWI legt besonderen Wert auf die Weiterentwicklung von Produkten und Verfahren. Ich denke dabei besonders an die weitere Reduktion von Emissionen, genauso wie an die Entwicklung neuer Schutzvorrichtungen."

Darüber hinaus hat Herr Stamm ein paar grundlegende Daten/Informationen zusammengestellt:

„Die Umsatzerlöse lagen im Geschäftsjahr 2013 bei 4,7 Millionen Euro. Unsere Produktionskapazität im Bereich Elektroschweißgeräte ist zurzeit mit 75 % ausgelastet, der Bereich der MIG-Schutzgasschweißanlagen mit etwa 80 %. Zurzeit wird mit einem potenziellen Kunden über einen Großauftrag für die Herstellung mehrerer Schweißanlagen verhandelt.

Seit 2008 nahm der Anteil an Großaufträgen stetig zu, sodass die Einführung eines QM-Systems zur Erfassung von Prozessen notwendig wurde. Die Beratungsgesellschaft Hansen & Partner war uns damals behilflich. Zurzeit führen die Mitarbeiter von Hansen & Partner eine Ist-Analyse des Unternehmens durch. Gemeinsam mit den Geschäftsführern und den Gesellschaftern (Herrn Stamm und Herrn Wenger) der SWI Schweißtechnik GmbH werden Herr Hansen und seine Mitarbeiter im Rahmen eines Workshops den Analysebericht vorstellen."

Datenkranz der Schweisstechnik GmbH

Aus der Finanzbuchhaltung gibt es darüber hinaus folgende Informationen:

Gewinn- und Verlustrechnung der SWI Schweißtechnik GmbH
für die Zeit vom 01.01.20xx bis 31.12.20xx

Gesamtkostenverfahren (§ 275 Abs. 2 HGB)		
1.	Umsatzerlöse	4700000,00 EUR
2.	Erhöhung des Bestandes an fertigen Erzeugnissen	2283675,00 EUR
3.	andere aktivierte Eigenleistungen	30000,00 EUR
4.	sonstige betriebliche Erträge	85000,00 EUR
5.	Materialaufwand a) Aufwendungen für Roh-, Hilfs- und Betriebsstoffe b) Aufwendungen für bezogene Leistungen	 3243960,00 EUR 376000,00 EUR
6.	Personalaufwand a) Löhne und Gehälter b) soziale Abgaben und Aufwendungen für Altersversorgung und Unterstützung	 1479242,00 EUR 273092,00 EUR
7.	Abschreibungen auf immaterielle Vermögensgegenstände des Anlagevermögens und Sachanlagen sowie auf aktivierte Aufwendungen. Für die Instandsetzung und Erweiterung des Geschäftsbetriebes 140561,00 EUR	
8.	sonstige betriebliche Aufwendungen	162000,00 EUR
9.	Erträge aus Beteiligungen	0,00 EUR
10.	Erträge aus Wertpapieren und Ausleihungen des Finanzanlagevermögens	13500,00 EUR
11.	sonstige Zinsen und ähnliche Erträge	36450,00 EUR
12.	Abschreibungen auf Finanzanlagen und auf Wertpapiere des Umlaufvermögens	8240,00 EUR
13.	Zinsen und ähnliche Aufwendungen	532540,00 EUR
14.	Ergebnis der gewöhnlichen Geschäftstätigkeit	932990,00 EUR
15.	Außerordentliche Erträge	42000,00 EUR
16.	Außerordentliche Aufwendungen	36450,00 EUR
17.	Außerordentliches Ergebnis	938540,00 EUR
18.	Steuern von Einkommen und vom Ertrag	480856,00 EUR
19.	Sonstige Steuern	278452,00 EUR
20.	Jahresüberschuss	179232,00 EUR

Datenkranz der Schweisstechnik GmbH

Bilanz der SWI Schweißtechnik GmbH zum 31. 12. 20xx

Aktiva	
A) Anlagevermögen	
I. Immaterielle Vermögensgegenst.	605 000,00 EUR
II. Sachanlagen	
1. Grundstücke und Bauten	2 330 000,00 EUR
2. Techn. Anl. und Maschinen	1 291 130,00 EUR
3. Andere Anlagen und BGA	574 740,00 EUR
III. Finanzanlagen	
2. Wertpapiere des AV	26 900,00 EUR
B) Umlaufvermögen	
I. Vorräte	
1. Roh-, Hilfs- und Betriebsstoffe	534 530,00 EUR
2. Unfertige Erzeugnisse	403 542,00 EUR
3. Fertige Erzeugnisse	860 890,00 EUR
II. Ford. und sonstige Verm.-Geg.	
1. Forderungen a. Lief. u. Leist.	232 937,00 EUR
III. Flüssige Mittel	432 200,00 EUR
C) Rechnungsabgrenzungsposten	
1. Sonstige	325 000,00 EUR
	7 616 869,00 EUR

Passiva	
A) Eigenkapital	
I. Gezeichnetes Kapital	1 000 000,00 EUR
II. Kapitalrücklage	540 340,00 EUR
III. Gewinnrücklagen	650 000,00 EUR
IV. Gewinnvortrag	705 000,00 EUR
V. Jahresüberschuss	179 232,00 EUR
B) Rückstellungen	
1. Rückstellungen für Pensionen	456 250,00 EUR
2. Steuerrückstellungen	243 000,00 EUR
3. Sonstige Rückstellungen	45 400,00 EUR
C) Verbindlichkeiten	
1. Verb. geg. Kreditinstituten	2 686 856,00 EUR
2. Verb. a. Lief. u. Leist.	756 840,00 EUR
3. Kurzfr. Verb. geg. Kreditinstitute	234 000,00 EUR
D) Rechnungsabgrenzungsposten	
1. Sonstige	119 951,00 EUR
	7 616 869,00 EUR

Zurzeit sind 61 Mitarbeiter bei der SWI Schweißtechnik GmbH beschäftigt. Dem folgenden Organigramm können die Zuständigkeitsbereiche entnommen werden:

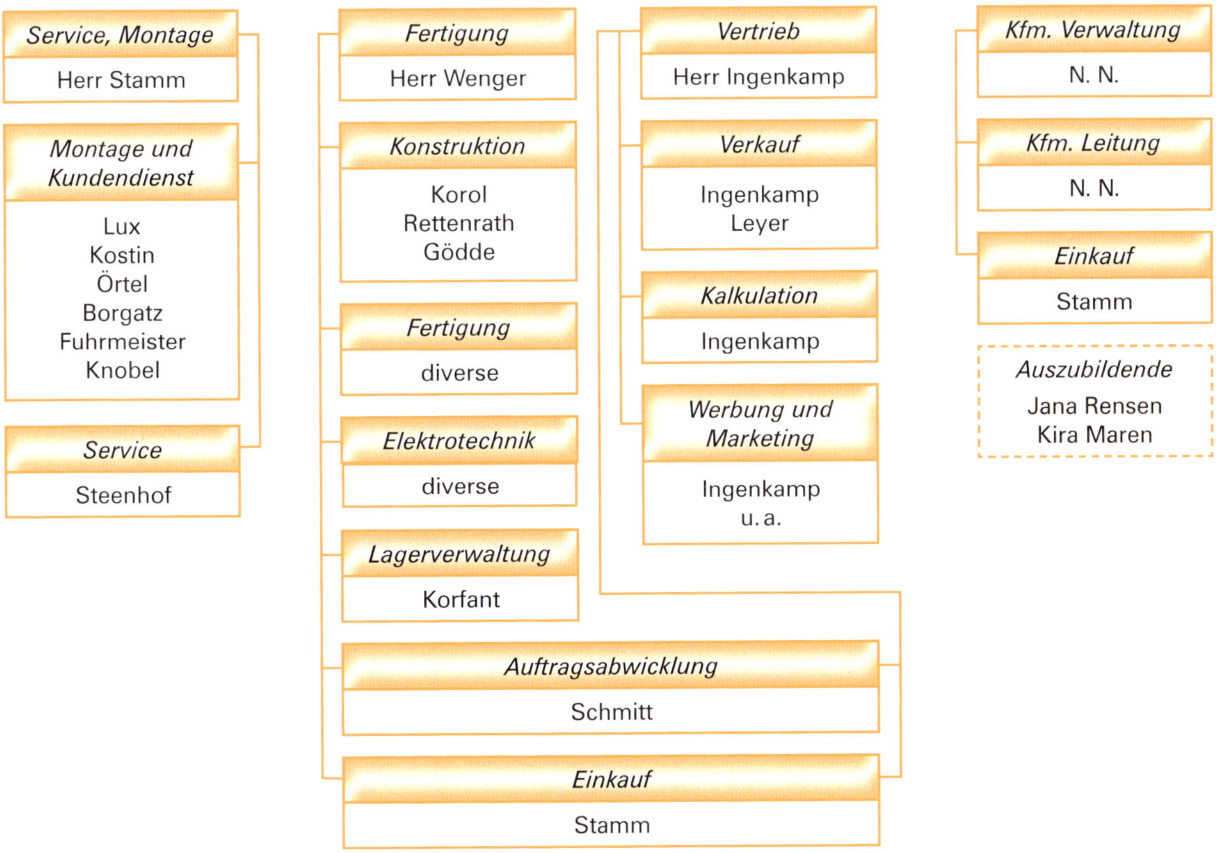

Datenkranz der Schweisstechnik GmbH

SWI

Innovation aus Leidenschaft

Unser Motto lautet: „Jeden Tag besser werden". Wir verstehen uns als Partner unserer Kunden und tragen somit auch zu deren Erfolg bei. Es ist für uns eine tägliche Herausforderung, diese Qualität zu erhalten und ständig zu verbessern. Unsere Rohstoffe beschaffen wir nur von ausgewählten Lieferanten. Die Produktion hochklassiger Produkte für den professionellen Einsatz ist unser Auftrag. Wir setzen auf internationales Wachstum und neue Kundengruppen. Die Erwartungen unserer Anteilseigner wollen wir übertreffen.

Unsere wirtschaftliche Selbstständigkeit wollen wir bewahren.

UNSERE KUNDEN

Die Ansprüche unserer Kunden wollen wir mit unseren Leistungen im Hinblick auf Qualität, Service und Termintreue weiterhin erfüllen. Dabei setzen wir in hohem Maße auf unsere Mitarbeiter.

UNSERE PARTNER

Wir legen Wert auf den persönlichen Kontakt und den Meinungsaustausch mit Herstellern, Lieferanten und Handelspartnern. Uns ist es wichtig, nicht nur auf den Bereich in unserer Produktion Einfluss zu nehmen. Wir wollen in der gesamten Wertschöpfungskette optimale Ergebnisse, die nur mit zuverlässigen Partnern zu realisieren sind.

Unsere Mitarbeiter sind offen für die Zusammenarbeit mit Partnern aus dem In- und Ausland.

DIE PRODUKTE

Schlüsselfertige Systemlösungen sind für uns genauso wichtig wie Kleingeräte für den Endverbraucher. Die leistungsstarke Produktpalette umfasst daher MIG-Schutzgasschweißgeräte, Elektroschweißgeräte sowie individuelle Systemlösungen nach Kundenwunsch. Die Fertigungsphilosophie basiert auf der marktorientierten Entwicklung und Konstruktion aller Produkte.

Bei unseren Produkten streben wir ökologische einwandfreie Qualität an. Über Schweißroboter für die Automobilindustrie wollen wir neue Kunden gewinnen. In Deutschland und auf dem asiatischen Markt sollen Schweißgeräte von hoher Qualität am Markt positioniert werden. Durch den Einsatz veränderter Produktionsanlagen bauen wir eine wettbewerbsfähige Kostenstruktur auf. Außerdem werden die Produktionszeiten gesenkt.

REGIONALE TRADITION UND VERANTWORTUNG FÜR DIE UMWELT

Als Hersteller hochklassiger Maschinen „Made in Germany" sehen wir uns der Umwelt und unserer Region in besonderer Weise verpflichtet. Wir richten unsere Umweltpolitik auf die Schonung der Natur und der natürlichen Ressourcen aus. Umweltbelastungen durch Abfälle, Emissionen und Abwässer werden zu vermeiden versucht. Wo sich Abfälle nicht vermeiden lassen, stehen wir für Recycling beziehungsweise eine umweltschonende Entsorgung ein. Der Einsatz von Recyclingsystemen ist deshalb für uns mehr als nur eine Selbstverständlichkeit.

Ausgangssituation

Workshopvorbereitung

AB 1

Einladung

Ort des Workshops: Verwaltungsgebäude der SWI in Papenburg

Zeitpunkt: 14.11.20xx

Beginn: Anreise bis 10:00 Uhr

Teilnehmer:

1. **SWI Vertreter:**

   Geschäftsführende Gesellschafter:
   - Herr Stamm
   - Herr Wenger

   Gesellschafter:
   - Herr Ingenkamp

   Weiteres Mitglied:
   - Herr Pelzer (QS)

2. **Mitarbeiter der Wirtschaftsberatungsgesellschaft Hansen & Partner**
   - Herr Hansen und Mitarbeiterstab

Tagesordnungspunkte

1: Darstellung der vorgefundenen Situation des Unternehmens aus Sicht der Beratungsgesellschaft, um eine einheitliche Sichtweise aller Workshop-Teilnehmer zu erreichen.

2: Diskussion der gegenwärtigen Unternehmensstrategie sowie der persönlichen Zielsetzungen der Geschäftsleitung.
- Stärken-und-Schwächen-Analyse
- Chancen-und-Risiken-Analyse
- Diskussion

3: Erarbeiten eines strategischen Grobkonzeptes für das Unternehmen und für die Geschäftsleitung.

Arbeitsauftrag

1. Bilden Sie sieben Gruppen!
2. Sie sind Mitarbeiter der Beratungsgesellschaft Hansen & Partner und bereiten stellvertretend die Materialien vor (AB 2–AB 8).
3. Präsentieren Sie Ihre Ergebnisse zum Tagesordnungspunkt 1.

Workshopvorbereitung - Analyse des Ist-Zustandes

Tagesordnungspunkt 1

Ausgangssituation

Auswertung der Unternehmenssituation

AB 2

Gruppe 1: Unternehmenssituation Standort

Die SWI Schweißtechnik GmbH verfügt über zwei Standorte: In Oldenburg befinden sich der Vertrieb sowie die Auftragsabwicklung und -vorbereitung für den Bereich der MIG-Schutzgasschweißgeräte und Sonderanlagen. In Papenburg sind Fertigung, Service, Einkauf sowie die Verwaltung der Elektroschweißgeräte und der Schweißsysteme angesiedelt. Neukunden haben deshalb Schwierigkeiten, einen eindeutigen Ansprechpartner zu finden. Lediglich die Homepage listet Ansprechpartner für die jeweiligen Bereiche auf. Wenn ein Kunde in einer der Niederlassungen anruft, kann nicht direkt zur anderen Niederlassung weitergeleitet werden, der Kunde muss neu wählen.

Deshalb sollte diskutiert werden, ob – so wie es ursprünglich geplant war – eine einzige Niederlassung am sinnvollsten wäre. Oldenburg hat einen direkten Anschluss an die A 28 und A 29, eine unmittelbare Nähe zum Partnerunternehmen und ein stilvolles Bürogebäude. In Papenburg befindet sich die gesamte Fertigung. Optisch fallen das unaufgeräumte Lager sowie das alte Bürogebäude unangenehm auf. Die Anbindung an die A 31 ist in unmittelbarer Nähe. Die technischen und strategischen Vorteile der beiden Standorte sollten diskutiert werden.

Nachfolgend haben wir die herausragenden Merkmale der retrograden[1] Betrachtung auf Gesamtunternehmensebene verbal zusammengefasst, wobei wir generell unterstellen, dass sowohl die Leistungsträger des Unternehmens, als auch externe Bilanzbeobachter das vorstehende Zahlenmaterial eigenständig interpretieren können. Vor diesem Hintergrund erfolgt die Kommentierung nur auf die wesentlichsten Umstände begrenzt:

1. Das Unternehmen hat derzeit einen operativen[2] Verlust von rd. 700 000,00 EUR aufzuweisen. Hierfür können folgende Ursachen benannt werden:
   - fehlende Auslastung in der eigenen Produktion
   - Kosten und Ertragsstruktur
   - mangelnde Liquidität durch fehlende Finanzierung
   - Personalkostenstrukturierung
2. Die Entwicklung des Eigenkapitals ist durch den aktuellen Verlust auf rd. 300 000,00 EUR reduziert. Aufgrund der Rangrücktritte und der zu erwartenden Ergebnisverbesserung ist die Gefahr der bilanziellen Überschuldung nicht zu sehen. Das Unternehmen hat, außer dem nicht zu bilanzierenden Know-how, keine wesentlichen stillen Reserven.
3. Tendenziell erfolgt ein Aufbau der Verbindlichkeiten aus Lieferungen und Leistungen aus der Finanzierungssituation heraus.
4. Laut Aussage der Geschäftsführung bewegen sich die sonstigen Verbindlichkeiten wie Löhne, Lohnnebenkosten, Umsatz und Lohnsteuern im normalen Fälligkeitszyklus.
5. Die betriebliche Leistung des Unternehmens wird gegenüber dem Vorjahr aufgrund der Liquiditätssituation leicht sinken.

Herr Stamm, der Geschäftsführer, rechnet wegen der anhaltenden Finanzkrise damit, dass die weltweite Nachfrage nach Schweißgeräten sinken wird. „Das Angebot an Schweißkapazitäten wird in absehbarer Zeit viel größer sein als die Nachfrage", sagte Herr Stamm anlässlich eines Vortrages auf einem Kongress der Industrie- und Handelskammer Ostfriesland und Papenburg. „Der Wettbewerb wird dann

1 In zurückliegende Situationen zurückreichend.
2 Konkrete Maßnahmen vornehmend.

erheblich härter werden. Die hohen Rohstoffpreise setzen die Branche zusätzlich unter Druck. Seit Sommer 2007 ist eine Steigerung der Kosten feststellbar. Die gestiegenen Energiekosten, hier sind vor allem Gas und Strom zu nennen, konnten bislang nicht aufgefangen werden."

Besonders die Entwicklung der Rohstoffpreise, wie z.B. Metall für die Gehäuse bzw. Kupfer für die Herstellung der Elektronik, für die Düsen und die Schweißdrähte, sind in den letzten Monaten auch in unserem Unternehmen gestiegen.

Das Unternehmen hat in den letzten drei Jahren die Herstellkosten mit rd. 37 % relativ konstant gehalten.

Aufgrund der aktuellen wirtschaftlichen Situation hat bis zum heutigen Zeitpunkt noch keine Kostenstrukturierung stattgefunden, sodass die betriebswirtschaftliche Führung des Unternehmens als nicht vorhanden beschrieben werden kann. Aus diesem Grund ist eine Anpassung bzw. insbesondere eine Flexibilisierung der Kosten notwendig.

Gerade die Weitergabe höherer Kosten in das Endverbrauchersegment von Schweißgeräten für Heimwerker ist sehr schwierig. Hier drängen verstärkt No-Name-Produkte bzw. Eigenmarken von Baudiscountern und Lebensmitteldiscountern (Non-Food-Aktionen) auf den Markt. Darüber hinaus sind chinesische Anbieter mittlerweile in der Lage, vergleichbare Komplettlösungen zu Schweißanlagen anzubieten, die qualitativ immer besser werden.

Im Bereich der Umweltverträglichkeit der gesamten Prozesskette konnte die SWI große Fortschritte machen. Durch effizientere Nutzung von Ressourcen und bauliche Nachdämmung von Produktionsteilen konnte der Energiebedarf verringert werden. Ein ganz großer Imagegewinn konnte durch die komplette Zerlegbarkeit der Schweißgeräte erreicht werden. Konkret bedeutet dies, dass die Geräte zu fast 90 % zerlegbar sind. Auf vergossene Plastikteile wurde verzichtet. So können zum einen Reparaturen leichter vorgenommen werden, zum anderen ist ein fast vollständiges Recycling möglich. Durch die Umstellung auf ein neues Wärmerückgewinnungs- und Kühlwassersystem konnten nachhaltig Ressourcen eingespart werden.

Nach unserem Ermessen ist aufgrund der aktuellen wirtschaftlichen Situation der gestellte Bürgschaftsantrag gefährdet und sollte in einem integrierten Konzept unter Lösung aller Probleme neu vorgestellt werden.

Das Unternehmen ist nun an einem Punkt angelangt, an dem eine ähnlich grundlegende Strategieentscheidung notwendig wird, wie sie zu Beginn der 90er Jahre getroffen wurde. Diese Notwendigkeit ist den Entscheidungsträgern im Unternehmen bewusst. Bezüglich der Entwicklungsrichtung bestehen auf Geschäftsführungsebene jedoch unterschiedliche Ansichten. Zum einen wird die Möglichkeit diskutiert, weiterhin ein starkes Wachstum anzustreben sowie verstärkt auch im internationalen Markt Präsenz zu zeigen. Zum anderen wird die Meinung vertreten, das Unternehmen habe seine optimale Größe bereits gefunden und es solle vielmehr angestrebt werden, die Aktivitäten des Unternehmens so weit zu optimieren, dass eine schrittweise Umsatzsteigerung erreicht werden kann. Beide Möglichkeiten sollten bezüglich ihrer Vor- und Nachteile sowie Erfolgswahrscheinlichkeiten diskutiert werden.

- Die Kommunikation der strategischen Ausrichtung des Unternehmens sowie der Unternehmensziele erfolgt nicht formalisiert. Das heißt, die Kernsätze liegen nicht in schriftlich fixierter Form vor oder werden formalisiert (z.B. in Form von Aushängen) an die Mitarbeiter weitergegeben. Es existieren bei den Mitarbeitern keine klaren Vorstellungen bezüglich der Unternehmensstrategie.

Den Beteiligten sollte jedoch klar sein, dass das Unternehmen nun an einem Wendepunkt angelangt ist, an dem eine Professionalisierung der Prozesse und Strukturen notwendig wird.

3 Korte - ISBN 978-3-8120-1029-0

Workshopvorbereitung - Analyse des Ist-Zustandes

Zusammenfassung: Entwicklung und Zielsetzung des Unternehmens

Ausgangssituation

Auswertung der Unternehmensführung

AB 3

Gruppe 2: Führung – Unternehmensführung

Die Führung des Unternehmens obliegt lt. Organigramm Herrn Stamm und Herrn Wenger[1] als Geschäftsführer. Beide genießen bei den Mitarbeitern ein hohes Ansehen bezüglich ihrer fachlichen und sozialen Kompetenz. Herr Stamm gilt als konservativer Geschäftsführer und sein Führungsstil ist eher als patriarchalisch zu bezeichnen. Bislang sind die Mitarbeiter/-innen jedoch sehr zufrieden mit der Geschäftsführung gewesen, da beide Geschäftsführer für ihren ausgeprägten Gerechtigkeitssinn bekannt sind. Außerdem gelten sie als großzügig. Für Betriebsfeste und private Ereignisse der Mitarbeiter wie z. B. Hochzeiten und Geburten von Kindern, haben sie immer größere finanzielle Beihilfen gewährt. Beide sind stark technisch orientiert und in das Tagesgeschäft involviert. Nach eigenen Angaben verwenden sie lediglich 5 – 10 % ihrer Arbeitszeit auf Geschäftsführungstätigkeiten.

Als Geschäftsführer (beziehungsweise als Entscheidungsträger) im eigentlichen Sinne nehmen die Mitarbeiter Herrn Stamm und Herrn Ingenkamp wahr. Bei strategischen Entscheidungen „haben sie das letzte Wort". Herr Ingenkamp ist ebenfalls in hohem Maße mit Aufgaben, die sich aus dem Tagesgeschäft heraus ergeben, ausgelastet. Sein Tätigkeitsschwerpunkt liegt im Vertrieb. Die Zusammenarbeit auf Geschäftsführungsebene ist geprägt von zum Teil kontroversen, jedoch offenen und nicht immer konstruktiven Auseinandersetzungen.

Aus Sicht der Mitarbeiter fehlt es im Unternehmen an innerer Führung im engeren Sinne, wobei insbesondere im kaufmännischen Bereich Defizite zu verzeichnen sind. Die weitere Entwicklung des Unternehmens bzw. die angestrebte organisatorische Lösung dieses Bereiches sollte im Rahmen des Strategieworkshops diskutiert werden.

Die vorangegangenen Aussagen lassen zwei Probleme bezüglich der Unternehmensführung deutlich werden. Formelle und informelle Entscheidungsträger im Unternehmen sind in hohem Maße mit operativen Aufgaben ausgelastet, sodass für Fragen der Unternehmensführung im eigentlichen Sinne wenig Zeit bleibt. Hier besteht mit wachsender Unternehmensgröße die Gefahr, sich im Tagesgeschäft zu verzetteln und die wesentlichen Themenbereiche und Entscheidungen außen vor zu lassen bzw. getroffene Entscheidungen nicht mit der notwendigen Konsequenz weiterzuverfolgen. Zum anderen fehlt es im Unternehmen an kaufmännischem Know-how. Dieses Defizit wird ebenfalls mit wachsender Unternehmensgröße immer stärker erkennbar.

Die personelle Führung des Unternehmens auf oberster Ebene wird in erster Linie von Herrn Stamm wahrgenommen. Seine Person besitzt für die meisten Mitarbeiter eine zentrale Bedeutung, die insbesondere durch sein Engagement und seine hohe fachliche Kompetenz bedingt ist. Dabei hat er noch einen starken Einfluss auf das operative Geschäft. Bei fachlichen Fragen ist er der wesentliche Ansprechpartner. Ähnlich gestaltet sich auch das Verhältnis der Mitarbeiter zu Herrn Wenger, der vor allem für den Bereich Maschinenbau als wesentlicher Know-how-Träger gilt. Beide Geschäftsführer sind in hohem Maße in das Tagesgeschäft eingebunden und werden von den Mitarbeitern als Teammitglieder wahrgenommen. Führung im eigentlichen Sinne findet aufgrund der familiären Unternehmensstruktur und -kultur nicht statt. Inwieweit diese Charakteristika dem Wachstum der vergangenen Jahre noch angemessen sind, sollte innerhalb des Workshops diskutiert werden. Auf der mittleren Führungsebene setzt sich fort, was für das Top-Management beschrieben wurde. Die meisten langjährigen Mitarbeiter genießen hohe fachliche Autorität bei den jüngeren Kollegen – das kollegiale oder Teamverständnis setzt sich jedoch gegenüber einer Wahrnehmung dieser älteren Mitarbeiter als Führungskräfte (mit Ausnahme im Service durch Herrn Lux) durch. Auch hier sollte die Frage diskutiert werden, bis zu welchem Grad die zunehmende Komplexität des Unternehmens auf diese informelle Art und Weise zu praktizieren ist. Zwei fähige, junge Mitarbeiter, die in dem Bereich Service eingesetzt

1 Herr Wenger plant mit Ablauf des Geschäftsjahres das Unternehmen aus Altersgründen zu verlassen und seine Geschäftsanteile anderweitig zu nutzen.

Workshopvorbereitung - Analyse des Ist-Zustandes

waren, haben im vergangenen Jahr gekündigt, weil sie keine beruflichen Perspektiven sahen und ihre Ideen nicht umsetzen konnten.

Eine untere Führungsebene existiert so gut wie nicht, was der Größe des Unternehmens angemessen ist. Dieser Führungsstil wurde vor dem Hintergrund theoretischer Managementmodelle bewusst nicht eingeführt, sondern hat sich aus der Komplexität der Aufgabenstellung sowie der starken persönlichen Bindungen der Organisationsmitglieder untereinander entwickelt. Im Falle einer Professionalisierung der Strukturen und Prozesse zur Gestaltung des Wachstums sollte besonders darauf geachtet werden, dass diese Kennzeichen des Unternehmens nicht durch die Einführung festgelegter Kompetenz- und Funktionsbereiche sowie formalisierter Abläufe verloren gehen.

Es existiert im Unternehmen eine deutliche Trennung zwischen strategischer und operativer[1] Entscheidungsebene. Auf der strategischen Ebene werden in erster Linie Herr Stamm und Herr Ingenkamp als Entscheidungsträger wahrgenommen (s. o.). Auf der operativen Ebene treffen die Mitarbeiter innerhalb ihrer Arbeitsbereiche eigenverantwortlich die notwendigen Entscheidungen. Erst in dem Moment, in dem sich Fehlentscheidungen zeigen, wird vonseiten der Geschäftsführung korrigierend eingegriffen. Durch diese Herangehensweise ist sichergestellt, dass das spezifische Know-how der Mitarbeiter in hohem Maße in die tägliche Arbeit einfließen kann und wertvolles Wissen nicht verloren geht. Darüber hinaus liegt hier ein wesentlicher Motivationsfaktor – die Entscheidungsspielräume des Einzelnen und seine Gestaltungsmöglichkeiten innerhalb der Aufgabenerfüllung vermitteln den Mitarbeitern ein hohes Maß an Vertrauen und das Gefühl, nicht kontrolliert oder überwacht zu werden. Führungsinstrumente im eigentlichen Sinne, das heißt formal vereinbart und regelmäßig umgesetzt, bestehen nicht. Bei zunehmendem Wachstum sollte auch für diesen Bereich die Frage gestellt werden, ob eine Optimierung der Zusammenarbeit durch z. B. Zielvereinbarungen, Rückmeldegespräche und ein formalisiertes System zur Erfassung des Zielerreichungsgrads realisiert werden kann. Der gelebte Führungsstil im Unternehmen ist im Ansatz aufgaben- bzw. mitarbeiterorientiert.

Die Integration zweier oft unvereinbar erscheinender Pole, charakterisiert durch folgende Merkmale, gelingt hier nur selten:

Mitarbeiterorientierung	Aufgabenorientierung
➢ Vertrauen	➢ Zielerreichung steht im Vordergrund
➢ Positives Feedback	➢ Eingreifen nur bei Störungen/Problemen
➢ Gewährung von Gestaltungsspielräumen	➢ Konstruktiver Umgang mit Fehlern
➢ Hoher Grad an Rückendeckung	

Hierdurch wird den Mitarbeitern nur selten gezeigt, dass sie in ihrer Person sowie bezüglich ihrer Arbeitsleistung in hohem Maße respektiert werden.

Zusammenfassung: Unternehmensführung

1 Als konkrete Maßnahme unmittelbar wirkend.

Ausgangssituation

Auswertung der Zusammenarbeit im Unternehmen

AB 4

Gruppe 3: Personal – Zusammenarbeit im Unternehmen

Der informelle Austausch zwischen allen Angehörigen des Unternehmens (einschließlich Geschäftsführung) ist rege und persönlich geprägt. Einige Mitarbeiter des Betriebs sind miteinander befreundet und verbringen somit auch einen Teil der Freizeit miteinander. Dieser persönliche Austausch wird darüber hinaus vonseiten der Geschäftsführung aktiv durch regelmäßig stattfindende Betriebsfeste (Grillabende, Weihnachtsfeier) gepflegt. Gelebter Führungsstil und Betriebsklima ergänzen und unterstützen sich somit in positiver Art und Weise.

Da sich die SWI Schweißtechnik GmbH im Fertigungssegment auf die Herstellung von Sonderkonstruktionen spezialisiert hat, weisen die Arbeitsabläufe in hohem Maße Projektcharakter auf. Nach der Auftragserteilung wird zunächst ein Kick-Off-Meeting durchgeführt, an dem Vertreter jedes involvierten Funktionsbereichs sowie die beiden Geschäftsführer teilnehmen. Im Rahmen dieses Meetings werden in erster Linie zwei Fragen bearbeitet: „Was wurde verkauft?“ und „Wie lösen wir es technisch?“. Im Anschluss an das Meeting geht das Projekt dann in die Umsetzungsphase, in deren Verlauf weiterhin ein kontinuierlicher Austausch zwischen Auftragsabwicklung, Konstruktion und Fertigung stattfindet. Diese weitere Zusammenarbeit gestaltet sich dann jedoch nicht mehr formalisiert, sondern bedarfsorientiert.

Noch sind im Unternehmen nur ansatzweise Teamstrukturen zu erkennen, d.h., die einzelne Teamorientierung im Unternehmen ist nicht stark ausgeprägt. Eine strukturierte und aktive Förderung oder Entwicklung der Teamstruktur findet nicht statt.

Bei einer stärkeren Strukturierung und Formalisierung des Unternehmensaufbaus und der Prozesse sollte besonders darauf geachtet werden, die zurzeit nur im Ansatz gelebte Teamorientierung aktiv zu unterstützen, sodass Umstrukturierung und Eigenverantwortung nicht – wie so oft – auf Kollisionskurs geraten. Einige Mitarbeiter fühlen sich bereits als Team und arbeiten mit einem entsprechenden Austausch und einer guten gegenseitigen Rückendeckung. Die Eigeninitiative der Mitarbeiter wird durch die Art der Aufgabenstellung und -erfüllung aktiv gefordert und gefördert. Die Mitarbeiter verfügen über begrenzte Freiräume und Verantwortungsbereiche und können sich gleichzeitig auf Unterstützung und fachliche Hilfestellung verlassen.

Zwei fähige, junge Mitarbeiter (Dipl. Betriebswirte), die in den Bereichen Beschaffung und Vertrieb eingesetzt waren, haben im vergangenen Jahr gekündigt, weil sie keine beruflichen Perspektiven sahen und ihre Ideen nicht umsetzen konnten. Außerdem stand der Leiter des Vertriebs, Herr Ingenkamp (58 Jahre), Änderungen der Ablauf- und Aufbauorganisation ablehnend gegenüber. Im Vertrieb ist im vergangenen Jahr ein relativ hoher Krankenstand zu verzeichnen, in der Verwaltung wird fehlende Motivation und mangelnde Einsatzbereitschaft festgestellt, die Arbeitsproduktivität ist in diesen Abteilungen niedrig. Einige Mitarbeiter sehen ihre Arbeit lediglich als Broterwerb, als notwendiges Übel an. Es fehlt die positive Identifikation des Einzelnen mit dem Betrieb, ein „Wir-Bewusstsein“, welches die Anliegen des Unternehmens zu denen seiner Mitarbeiter macht und Kräfte mobilisiert.

Von einer Verunsicherung bezüglich der momentanen und zukünftigen Situation des Unternehmens ist auf Mitarbeiterseite wenig zu spüren. Bei fast allen Betriebsangehörigen ist das Problembewusstsein bezüglich der aktuellen Lage beschränkt auf die Annahme eines vorübergehenden Liquiditätsengpasses. Hinzu kommt, dass die Mitarbeiter in hohem Maße von der Qualität der hergestellten Produkte und von ihren eigenen fachlichen Qualitäten überzeugt sind. Dies formuliert sich zum Beispiel in einem Satz wie „Was wir können, können vielleicht noch 1–2 andere Anbieter in Deutschland“. Entsprechend sorglos blicken die Mitarbeiter in die Unternehmenszukunft. Vertrauen und Identifikation tragen das Unternehmen somit in positiver Art und Weise – gleichzeitig sind die Mitarbeiter jedoch wenig für die zurzeit kritische Situation sensibilisiert. Es besteht hier die Gefahr, dass das plötzliche Bewusstwerden dieser Situation die Mitarbeiter zum Teil vorübergehend handlungsunfähig macht.

Workshopvorbereitung - Analyse des Ist-Zustandes

Da die im Unternehmen bestehenden Strukturen und ablaufenden Prozesse von allen Beteiligten als positiv und leistungsstark empfunden werden und die kritische Lage, in der sich das Unternehmen befindet, nicht im Bewusstsein der Mitarbeiter verankert ist, dürften Umstrukturierungen und Reorganisation sowie andere notwendige Veränderungen nur schwer umzusetzen sein. Sollten sich aus dem Strategie-Workshop heraus Maßnahmen ergeben, die wesentliche Veränderungen für die Mitarbeiter zur Folge haben, wird es in einem ersten Schritt notwendig sein, die Mitarbeiter von der Notwendigkeit dieser Veränderungen sowie von ihrer Plausibilität zu überzeugen. Unterstützung im Veränderungsprozess wird nur dann zu erwarten sein, wenn die Mitarbeiter von dessen Sinnhaftigkeit überzeugt sind und im Sinne der Zukunftssicherung des Unternehmens für ein einheitliches Ziel begeistert werden können.

Personalentwicklung

Quantitative Personalentwicklung				
Mitarbeiterentwicklung	**Anzahl**			
	31.12.11	**31.12.12**	**31.12.13**	**31.12.14***
Fertigung	20,0	20,0	20,0	22,0
Service	3,0	3,0	3,0	3,0
Service Lager	12,0	12,0	12,0	12,0
Service Handel	3,0	3,0	3,0	2,0
	38,0	38,0	38,0	39,0
Vertrieb	6,0	8,0	6,0	6,0
Handel Vertrieb	3,0	3,0	3,0	3,0
Handel	2,0	4,0	3,0	3,0
Konstruktion	4,0	4,0	5,0	5,0
Arbeitsvorbereitung	1,0	1,0	1,0	1,0
Einkauf	2,0	2,0	3,0	3,0
Verwaltung	2,0	2,0	2,0	1,0
Mitarbeiter gesamt	**58,0**	**62,0**	**61,0**	**61,0**

* vorläufig.

Personalentscheidungen werden von der Geschäftsführung gemeinsam mit den direkt betroffenen Mitarbeitern vorgenommen. Hierdurch sind Akzeptanz und Unterstützung der neuen Mitarbeiter durch die älteren Kollegen sowie eine kompetente Einschätzung der spezifischen fachlichen Qualifikation sichergestellt.

Die Einarbeitung neuer Mitarbeiter erfolgt durch die direkte Teilnahme am Tagesgeschäft und eine sukzessive Vergrößerung des jeweiligen Aufgabenbereichs. Gefordert ist hier in hohem Maße die Eigeninitiative der neuen Kollegen, da aufgrund der Komplexität der meisten Funktionen und der Unterschiedlichkeit der Projekte kein standardisierter Wissenskatalog vermittelt werden kann. Die Bereitschaft, Wissen und Know-how zu teilen scheint im Unternehmen jedoch sehr ausgeprägt zu sein, sodass die notwendige Unterstützung und Hilfestellung für neue Mitarbeiter gegeben ist.

Die Qualifikation der befragten Mitarbeiter kann nach deren eigener Aussage als sehr gut eingeschätzt werden. Eine systematische Weiterqualifikation der Mitarbeiter wird von den Befragten nicht als erforderlich angesehen. Die Betriebsangehörigen gehen aber davon aus, dass bei entsprechendem Bedarf mit einer Unterstützung vonseiten der Geschäftsleitung zu rechnen ist.

Workshopvorbereitung - Analyse des Ist-Zustandes

Zusammenfassung: Mitarbeiter

Ausgangssituation

Auswertung der Schwächen in der Aufbau- und Ablauforganisation

AB 5

Gruppe 4: Aufbau- und Ablauforganisation

Schwächen in der Aufbauorganisation. Die Organisation des Unternehmens ist prozessorientiert ausgerichtet und zeigt eine schlanke Struktur. Mängel zeigen sich allerdings dort, wo formelle und informelle Organisation auseinanderklaffen – hier besteht mit zunehmender Unternehmensgröße die Gefahr einer Desorientierung der Mitarbeiter bzw. einer fehlenden Konzentration der Kräfte auf eine deutlich definierte Unternehmensspitze. Ein weiteres Defizit im Bereich der Aufbauorganisation ist die fehlende kaufmännische Leitung (s. o.).

Sollte das Unternehmen ein weiteres Wachstum anstreben, müssen sich die Beteiligten der Tatsache bewusst sein, dass eine stärkere Strukturierung und Abgrenzung von Aufgaben- und Funktions- sowie Kompetenzbereichen notwendig werden wird. Auch die Stärkung der mittleren Führungsebene durch Abgabe von Verantwortung und vor allem von Wissen, das bislang noch nicht dokumentiert ist, wird dann Aufgabe einer gesunden Organisationsentwicklung sein.

WORKSHOPVORBEREITUNG - ANALYSE DES IST-ZUSTANDES

Schwächen in der Ablauforganisation. Durch die Einführung des QM-Systems sind die Prozesse im Unternehmen erfasst und formalisiert dargestellt. Die Ablaufdiagramme, die im Rahmen der Zertifizierung erstellt wurden, sind im Unternehmen präsent und unterstützen die Arbeit im Rahmen der jeweiligen Projekte. Schwierigkeiten treten laut Aussage der Mitarbeiter dann auf, wenn bei Auftragsabschluss Detailfragen nicht geklärt wurden, sodass der Konstruktionsabteilung nicht alle Informationen zur Verfügung stehen, die sie benötigt. Hierdurch kann es vonseiten des Kunden im Nachhinein zu Nachbesserungsanforderungen kommen, die die Arbeit mehrerer Tage zunichte machen. Ob hier eine Verbesserung durch stärkere Detailorientierung der Checklisten, die bei Auftragsvergabe gemeinsam mit dem Kunden ausgefüllt werden Abhilfe schaffen könnte, sollte geprüft werden. Von weiteren nennenswerten internen Schwierigkeiten oder Reibungsverlusten im Verlauf der Projektarbeit wurde im Rahmen der Interviews nicht berichtet.

Zusammenfassung: Aufbau- und Ablauforganisation

Ausgangssituation

Auswertung der Marktpotenziale

AB 6

Gruppe 5: Marktpotenziale – Vertretung im Ausland

Marktpotenziale. Das Marktpotenzial ist gut, dennoch schwankt die Nachfrage stark. Prognosen lassen sich demnach schwer erstellen. Viele Märkte im Ausland sind abhängig vom Rohstoffpreis. So hat die SWI Schweißtechnik GmbH für ein Automobilunternehmen in den USA zwei Schweißanlagen für die Karosseriefertigung geliefert; wegen der anhaltenden Finanzkrise sind Folgeprojekte jedoch vorerst verschoben worden. Dieses amerikanische Unternehmen verhandelt inzwischen mit einem chinesischen Konkurrenzunternehmen, das mit Dumpingpreisen versucht den amerikanischen Markt zu beliefern. Nicht zu verachten ist der Einfluss politischer Entscheidungen auf die Nachfrage (Ausstieg aus Atomkraft, neue Umweltgesetze, Situation in Nahost).

Workshopvorbereitung - Analyse des Ist-Zustandes

Man kann sagen, dass es für den inländischen Markt nach wie vor den „typischen deutschen Heimwerker“ bzw. Handwerker gibt, der bereit ist, für gute Markenqualität bei Werkzeugen einen höheren Preis zu zahlen. Es ist allerdings eine Tendenz zu erkennen, dass es vielen Kunden genügt, sich No-Name-Werkzeuge beim Lebensmittelkauf aus der Non-Food-Aktionsware bei Lebensmitteldiscountern zu kaufen.

Marktforschungen, Statistiken o. Ä. werden nicht erstellt. Begründung dafür von der SWI Schweißtechnik GmbH: Der Markt ist zu ungenau einzuordnen, der Bedarf ist zu unbeständig, als dass sich aussagekräftige Prognosen entwickeln ließen.

Zusammenfassung: Marktpotenziale

Vertretung im Ausland. Der Kontakt zu Kunden im Ausland kommt überwiegend via Generalunternehmen zustande. Daneben findet sich je eine Vertretung in den folgenden Ländern

- Norwegen
- Frankreich
- Dänemark
- Kuwait
- Ukraine
- Russland
- Ungarn

In den vergangenen Jahren hat die SWI Schweißtechnik GmbH erst **einen** Auftrag über eine Auslandsvertretung erhalten (hier: Russland, Auftragsvolumen ca. 1,2 Mio. €). Diese Vertretungen erhalten eine pauschale Umsatzprovision in Höhe von 5 % bei erfolgtem Auftrag. Nach Aussagen von der SWI Schweißtechnik GmbH besteht ein großes Problem darin, geeignete Vertreter zu finden, die in Verhandlungen auf technische Fragen kompetent antworten und Unklarheiten anschaulich erklären können. Aktiv in die Suche nach Vertretungen ist die SWI Schweißtechnik GmbH noch nicht gegangen; alle haben bei der SWI Schweißtechnik GmbH angefragt, nicht umgekehrt. Man sollte darüber diskutieren, inwiefern eine aktive Vertreterakquisition möglich und vertretbar ist, um im Ausland mehr Marktanteile zu erschließen. Auch sollte über mehr als nur eine Vertretung pro Land nachgedacht werden, um die Abhängigkeit des Umsatzes von einem Händler abzubauen.

Zusammenfassung: Vertretungen

4 Korte - ISBN 978-3-8120-1029-0

Workshopvorbereitung - Analyse des Ist-Zustandes

Ausgangssituation

Auswertung der Vertriebsstruktur und des Vertriebsablaufs

AB 7

Gruppe 6: Vertriebsstruktur und Vertriebsabläufe

Während die Mitbewerber primär auf einen günstigen Preis abzielen, ordnet die SWI Schweißtechnik GmbH die Prioritäten folgendermaßen:

1. Qualität
2. Zeit
3. Preis

Bisher sind, nach Aussage des Unternehmens, nur unwesentliche Mängel an den Maschinen festgestellt worden, deshalb sieht die SWI Schweißtechnik GmbH in jeder ihrer Maschinen eine Referenzanlage. Dafür kosten SWI-Anlagen auch 30 %–40 % mehr als die Konkurrenzprodukte, die allerdings in der Regel keine Sonderanfertigungen sind. Im Handelsbereich der Schweißgeräte betreut Herr Leyer als alleiniger Vertriebsmann den Stammkundenkreis. Als Ansprechpartner stand zudem Herr Stolz zur Verfügung. Neukunden werden jedoch kaum noch erschlossen. Vor etwa drei Jahren konnte die SWI Schweißtechnik GmbH einen Vertriebsmann – Herrn von Kaeser – abwerben. Doch trotz seiner Kontakte war er nicht erfolgreich, da allein im Aktionsraum Nordwestdeutschland 10–20 Mitbewerber sitzen. Anfang 2009 wurde er schließlich entlassen. In den folgenden Ausführungen betrachten wir den Vertrieb der Eigenkonstruktionen durch die Herren Korol und Ingenkamp, wobei sich Herr Ingenkamp in der Regel erst dann einschaltet, wenn das Angebot beim Kunden liegt – um nachzuhaken und um entstandene Fragen zu klären.

- Ansprechpartner beim Kunden sind im Regelfall die planenden Techniker oder Ingenieurbüros. Insofern laufen Verkaufsgespräche sehr technikorientiert ab und entsprechend gestaltet sind auch die Angebote.
- Ausführliche Angebote erreichen nach Aussagen des Vertriebs eine Rücklaufquote von rund 70 %. Da solche Angebote viel Arbeitszeit in Anspruch nehmen, wird vor jeder Erstellung der Nutzen abgewägt.
- In der Personalstruktur des Vertriebs besteht das Problem, dass bei einem Ausfall der Herren Korol bzw. Ingenkamp keine Angebote erstellt werden können. Allerdings wird im Hause momentan eine Software programmiert, die eine größtenteils automatisierte Erstellung von Standardangeboten bietet. Ende des Jahres soll das System nach den Vorstellungen von Herrn Ingenkamp funktionsbereit sein. Dadurch lassen sich Standardangebote, die das Gros aller Angebote darstellen, nicht nur schneller, sondern auch durch externe Personen erstellen.
- Darüber hinaus müssen sich die Vertriebsmitarbeiter auch um viele anfallende kaufmännische Arbeiten kümmern (Kalkulation, Liquiditätsplanung), worunter die Kundenbetreuung leidet. Im direkten Kundenkontakt und im persönlichen Gespräch mit den Interessenten sehen wir die beste Möglichkeit, Aufträge zu erhalten. Zwar versucht die SWI Schweißtechnik GmbH bei einem vom Kunden gewünschten Treffen ebenfalls jene Kunden respektive Interessenten zu besuchen, die sich in der Umgebung und auf der Wegstrecke befinden, allerdings finden solche Touren selten und unregelmäßig statt.

Zusammenfassung: Vertriebsstruktur und Vertriebsabläufe

Workshopvorbereitung - Analyse des Ist-Zustandes

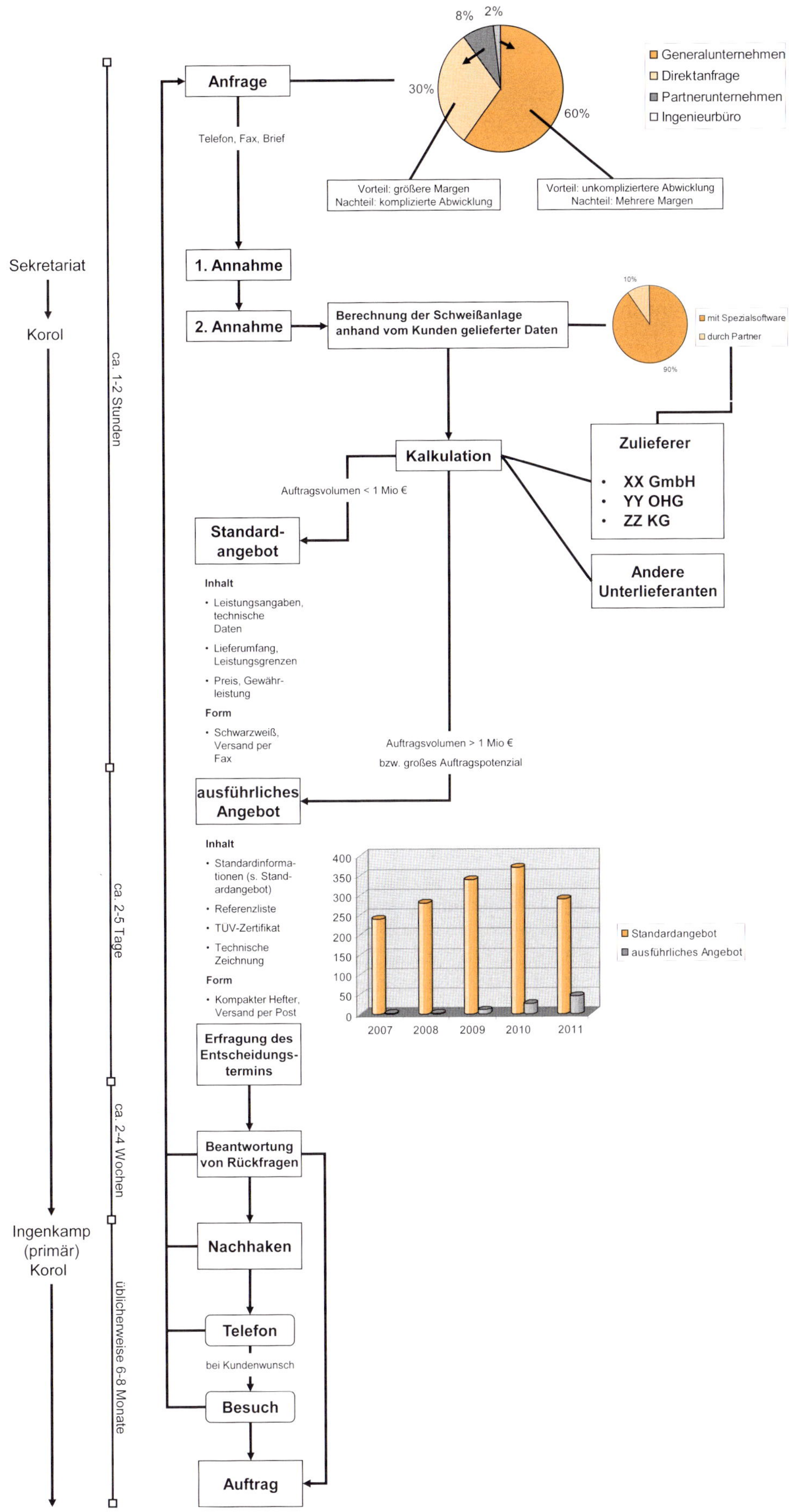

Ausgangssituation

Auswertung der Kommunikation nach außen

AB 8

Gruppe 7: Kommunikationspolitik

Die SWI Schweißtechnik GmbH verlässt sich fast ausschließlich auf Mundpropaganda; man vertraut auf die Qualität der eigenen Produkte und spricht von „Referenzen im ganzen Land". Lediglich in Ausnahmefällen ist der Vertrieb hinsichtlich Werbung aktiv geworden. Diese Ausnahmen umfassen:

- Beiträge für Fachzeitschriften
- Messebesuche und -auftritte
- Internetpräsentation
- Prospekte

Zwei bis drei redaktionelle Beiträge für Fachzeitschriften pro Jahr sind zu wenig, um den Namen SWI Schweißtechnik GmbH bekannt zu machen. Da derartige Artikel nicht nur imagefördernd sind, sondern auch gute Rücklaufquoten erzielen, sollte das Engagement in diesem Bereich forciert werden.

Weiterhin wirkt der Kostenfaktor als Bremsklotz gegen Präsentationen auf Fachmessen. Die bisherigen Auftritte auf der Hannovermesse und auf der Internationalen Umwelt- und Entsorgungsmesse haben zwar gute Ergebnisse erzielt (Verkauf einer Schweißanlage, Knüpfung vieler neuer Kontakte, Auffrischung bestehender Geschäftsbeziehungen), fanden aber nur deshalb statt, weil die Kosten – dank Partnerunternehmen und Sonderzuschüssen vom Land – gering ausfielen. Den Anmeldeschluss für die wichtigste Messe, die Hannovermesse, hat die SWI Schweißtechnik GmbH verpasst, sodass allerhöchstens ein Stand auf dem Außengelände noch gebucht werden könnte. Zu vermuten ist jedoch, dass dies aus Kostengründen nicht umgesetzt wird. Die SWI Schweißtechnik GmbH besitzt eine eigene Domain, präsentiert sich im Internet allerdings unprofessionell. Wenige Informationen und eine miserable Navigation kennzeichnen die hauseigene Webseite, die dennoch eine gute Resonanz erzielt (5–10 Anfragen pro Monat). Dieses Potenzial gilt es zu nutzen, da der Internetnutzer bei bestimmten Schlagwörtern nur wenige Einträge findet. Eine aufwendigere Gestaltung zusammen mit einem umfassenden Informationsangebot und integrierter Feedbackfunktion sollten der Webseite zugemutet werden – zumal sich die Kosten in diesem Bereich in Grenzen halten.

Das seit einigen Jahren verfolge Konzept des „Design-for-Environment",also die eigenen Produkte so herstellen, dass sie in späteren Phasen ihres Lebenszyklus keine oder geringere Auswirkungen auf die Umwelt haben, konnte im Unternehmen erfolgreich umgesetzt werden. Leider wurde dieser Ansatz weder auf Messen noch im Internet kommuniziert. Grundsätzlich fehlt die Einbeziehung ökologischer Argumente in der Werbung.

Die für die SWI Schweißtechnik GmbH kostenlosen Fremdprospekte informieren zufriedenstellend über das Angebot im Schweißbereich. Ebenfalls optisch ansprechend und aussagekräftig sind die eigenen Prospekte, die mittlerweile aber allesamt fast sechs Jahre alt sind. Daher sollte diskutiert werden, ob eine Aktualisierung sinnvoll ist. Eine weniger technikorientierte, dafür mehr bildhafte Darstellung sollte darüber hinaus angedacht werden.

Diskussionspunkt: Lässt die derzeitige Situation ein bestimmtes Werbebudget zu, damit folgende Aktionen durchgeführt werden können?

Zusammenfassung: Kommunikationspolitik

Ausgangssituation

Tagesordnungspunkt 2

AB 9

Analyse der Ausgangssituation

Arbeitsauftrag

Bereiten Sie den Tagesordnungspunkt 2 vor. Gehen Sie folgendermaßen vor:

1. Definieren Sie den Begriff „Stärken-Schwächen-Analyse".
2. Erstellen Sie eine Stärken-Schwächen-Analyse für die SWI Schweißtechnik GmbH. Benutzen Sie das PB 1.
3. Definieren Sie den Begriff „Chancen-Risiko-Analyse".
4. Erstellen Sie eine Chancen-Risiko-Analyse für die SWI Schweißtechnik GmbH. Benutzen Sie das PB 2.

Stärken-Schwächen-Analyse

PB 1

Bewertungskriterien	++	+	0	–	– –
1. Geschäftsführung					
➢					
➢					
➢					
➢					
2. Führung und Führungsstil					
➢					
➢					
➢					
➢					
➢					
➢					
3. Aufbauorganisation und Ablauforganisation					
➢					
➢					
➢					
➢					
➢					
➢					
➢					
➢					

Workshopvorbereitung - Analyse des Ist-Zustandes

Bewertungskriterien	++	+	0	–	– –
4. Zusammenarbeit im Unternehmen					
➢					
➢					
➢					
➢					
➢					
➢					
➢					
➢					
➢					
➢					
➢					
➢					
➢					
➢					
➢					
➢					
5. Unternehmenssituation					
➢					
➢					
➢					
➢					
➢					
➢					
➢					
➢					
➢					
➢					
➢					
6. Marktpotenziale und Marktforschung					
➢					
➢					
7. Vertretung im Ausland					
➢					
➢					
➢					
➢					
➢					

Workshopvorbereitung - Analyse des Ist-Zustandes

Bewertungskriterien	++	+	0	–	– –
8. Vertriebsstruktur					
➢					
➢					
➢					
➢					
➢					
➢					
9. Kommunikationspolitik					
➢					
➢					
➢					
➢					
10. Nachhaltigkeit					
➢					
➢					

Chancen-Risiken-Analyse

PB 2

Beurteilungskriterien	Chancen	Risiken
1. Marktstruktur/Marktpotenzial/Wettbewerb		
2. Kundenstruktur/Kundenwünsche		
3. Gesellschaftliche Rahmenbedingungen		

Workshopvorbereitung - Analyse des Ist-Zustandes

Beurteilungskriterien	Chancen	Risiken
4. Ökologische Rahmenbedingungen		
5. Technologische/Technische Entwicklung		

Ausgangssituation

Nach Abschluss der Präsentationen

AB 10

SWOT-Analyse

Herr Stamm: „Zuerst möchte ich mich ganz herzlich für die hier geleistete Arbeit bei den Mitarbeitern von Hansen & Partner bedanken. Die Präsentationen waren sehr umfangreich und informativ. Ehrlich gesagt habe ich nicht mit so vielen Schwächen und Risiken gerechnet. Ich bin im Moment völlig überfordert, wie wir jetzt weiter vorgehen sollen."

Herr Hansen: „Keine Sorge, dafür bin ich schließlich zuständig! Wir haben in den letzten Wochen viele interne und externe Faktoren ermittelt. Ich schlage jetzt vor, im Anschluss an eine noch zu erstellende SWOT-Analyse die Diskussion über Ihre Unternehmensstrategie einzuleiten. Denn durch die Analyse der Ist-Stituation ist klar geworden, dass Sie sich jetzt mehr mit der Leitung und Führung der SWI GmbH beschäftigen müssen."

Arbeitsauftrag

1. Führen Sie die SWOT-Analyse durch. Nutzen Sie dazu die Informationen (IB 1 und IB 2) und das PB 3.
2. Diskutieren Sie mögliche Unternehmensstrategien.
3. Unterscheiden Sie die Begriffe „Leitung" und „Führung". Nutzen Sie Ihr Schulbuch[1] oder machen Sie eine Internetrecherche.

1 z. B. Speth (Hrsg.): Betriebswirtschaft mit Rechnungswesen/Controlling, Band 3, Merkur Verlag Rinteln, ISBN 978-3-8120-0540-1, S. 120.

Workshopvorbereitung - Analyse des Ist-Zustandes

IB 1

Vorbereitung der SWOT-Analyse[1]

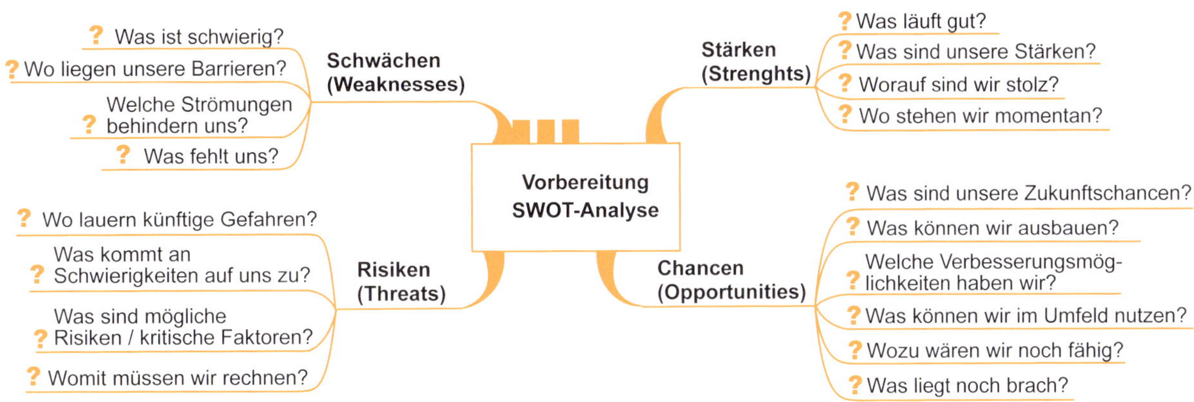

IB 2

SWOT-Analyse: Voraussetzung für eine Strategieentwicklung[2]

Makro- und Branchenumwelt

Ressourcen und Fähigkeiten

	Opportunities	Threats
Strengths	„Haben wir die Stärken, um Chancen zu nutzen?"	„Haben wir die Stärken, um Risiken zu bewältigen?"
Weaknesses	„Welche Chancen verpassen wir wegen unserer Schwächen?"	„Welche Risiken sind wir wegen unserer Schwächen ausgesetzt?"

1 Vgl. www.inventool.de/Tools/407%20SWOT-Analyse%20T.pdf

2 http://www.google.de/imgres?imgurl=http://gpapa.de/gpapa/swot.gif&imgrefurl=http://gpapa.de/gpapa/strategie.html&usg=_Wn7tonxMt3gnlnXtxy_Hy8s1Wlk=&h=303&w=476&sz=28&hl=de&start=37&zoom=1&um=1&itbs=1&tbnid=hoQGpHQfaCedGM:&tbnh=82&tbnw=129&prev=/images%3Fq%3Dswot%2Banalyse%26start%3D20%26um%3D1%26hl%3Dde%26sa%3DN%26ndsp%3D20%26tbs%3Disch:1%26prmd%3Dib

5 Korte - ISBN 978-3-8120-1029-0

Workshopvorbereitung - Analyse des Ist-Zustandes

SWOT-Matrix

PB 3

Umweltfaktoren / Unternehmensfaktoren	Opportunities (Chancen) 1. … 2. …	Threats (Risiken) 1. … 2. …
Strength (Stärken) 1. … 2. …	**SO-Strategien** **Haben wir die Stärken, um unsere Chancen zu nutzen?**	**ST-Strategien** **Haben wir die Stärken, um Risiken zu bewältigen?**
Weakness (Schwächen) 1. … 2. …	**WO-Strategien** **Welche Chance verpassen wir wegen unserer Schwächen?**	**WT-Strategien** **Welchen Risiken sind wir wegen unserer Schwächen ausgesetzt?**

WORKSHOPDURCHFÜHRUNG - ANALYSE DES IST-ZUSTANDES

Diskussion der gegenwärtigen Unternehmensstrategie sowie der persönlichen Zielsetzung der Geschäftsleitung (alle Gruppen)

Ausgangssituation

Maßnahmenkatalog für die SWI Schweißtechnik GmbH

AB 11

Zusammenfassung der Unternehmenssituation

Herr Hansen, Leiter der Beratungsgesellschaft, schlägt vor, gemeinsam mit den Beteiligten des Workshops im Anschluss an der SWOT-Analyse einen Maßnahmenplan zur Umsetzung der Strategie zu erstellen und zu beschließen.

Herrn Hansen ist es wichtig, noch einmal darauf hinzuweisen, dass bei der Erstellung des Maßnahmenplanes neben der Beachtung des zeitlichen Rahmens, auch die Berücksichtigung der Tatsache, dass jede einzelne Komponente dieser Maßnahme eine wesentliche Interdependenz zu anderen Positionen aufweist, eine Rolle spielt. Dazu hat er als Handout eine kurze Zusammenfassung der Unternehmenssituation vorbereitet:

Tischvorlage

Hansen & Partner

Wirtschaftsberatungsgesellschaft
Hansen & Partner
Rosemannstr. 20
49082 Osnabrück

Papenburg, 16. 10. 20xx

Anlass: Umsetzung der Maßnahmen aus der SWOT–Analyse vom 14. 10. 20xx

1. Unternehmensstrategie	Definition der kurz- bis mittelfristigen Hauptstrategiedimensionen.
2. Unternehmensstruktur (Umsatz/Kosten/Leistungen)	Kostenreduzierungen. Realisierung einer Strategie mit diversen Differenzierungsmerkmalen und einer flexiblen Kostenstruktur. ➢ Reduzierung des Verlustrisikos durch Reduzierung des Break-even-Point. ➢ Vorbereitung des Unternehmens auf eine Professionalisierung der strategischen Gesamtausrichtung. ➢ Wachstum sinnvoll? ➢ Fehlende Rendite und damit keine nachhaltige Wertsteigerung.
3. Unternehmensrechtsformstruktur	Gesellschafterstruktur im Hinblick auf 1. Finanzierung? 2. Beteiligungen? 3. Mitarbeiterbeteiligung?
4. Wertschöpfungsstrategie	➢ Wie können wir unser Dienstleistungsangebot noch verbessern? ➢ Wie können wir unsere Produktion effizienter machen und dem Stand der durch uns verkauften Technik anpassen? ➢ Außenwirkung? ➢ Wollen wir das Handelssegment beibehalten?

Workshopdurchführung - Analyse des Ist-Zustandes

5. Unternehmensstruktur	Paradigmawechsel in der Unternehmens- und Führungskultur
6. Risiko-Management	Aufbau eines Controllingsystems zum PPS-System,[1] Sicherung des Know-how.
7. „Kooperation"	Stärkung der Marktmacht durch horizontale und/oder vertikale Kooperationen (eventuell sogar bis hin zur Fusion) – Möglichkeiten und Ansätze?
8. Nachhaltigkeit	Analyse der bestehenden Aktivitäten. Übersicht durch Erstellung einer Umwelt- bzw. Ökobilanz.

Arbeitsauftrag

1. Diskutieren Sie in Ihren Arbeitsgruppen den Vorschlag von Herrn Hansen!
2. Erstellen Sie einen Maßnahmenkatalog. Benutzen Sie das PB 4!

Maßnahmenkatalog

PB 4

Tagesordnungspunkt 3

Maßnahmenkatalog	Wer?	Wann?
1. Unternehmensziele / -strategie / -vision		
➢		
➢		
➢		
➢		
➢		
➢		
2. Organisation / Management		
➢		
➢		
➢		
➢		
➢		
➢		

1 Produktionsplanungs- und Steuerungssystem

Workshopdurchführung - Analyse des Ist-Zustandes

Maßnahmenkatalog	Wer?	Wann?
3. Personal		
➢		
➢		
➢		
➢		
➢		
➢		
4. Vertrieb		
➢		
➢		
➢		
➢		
➢		
5. Finanzierungsstrategie		
➢		
➢		
➢		
➢		
➢		
6. Controlling		
➢		
➢		
➢		
➢		
➢		
7. Absatz		
➢		
➢		
➢		
➢		
➢		
8. Ökobilanz		
➢		
➢		

Advanced Organizer:

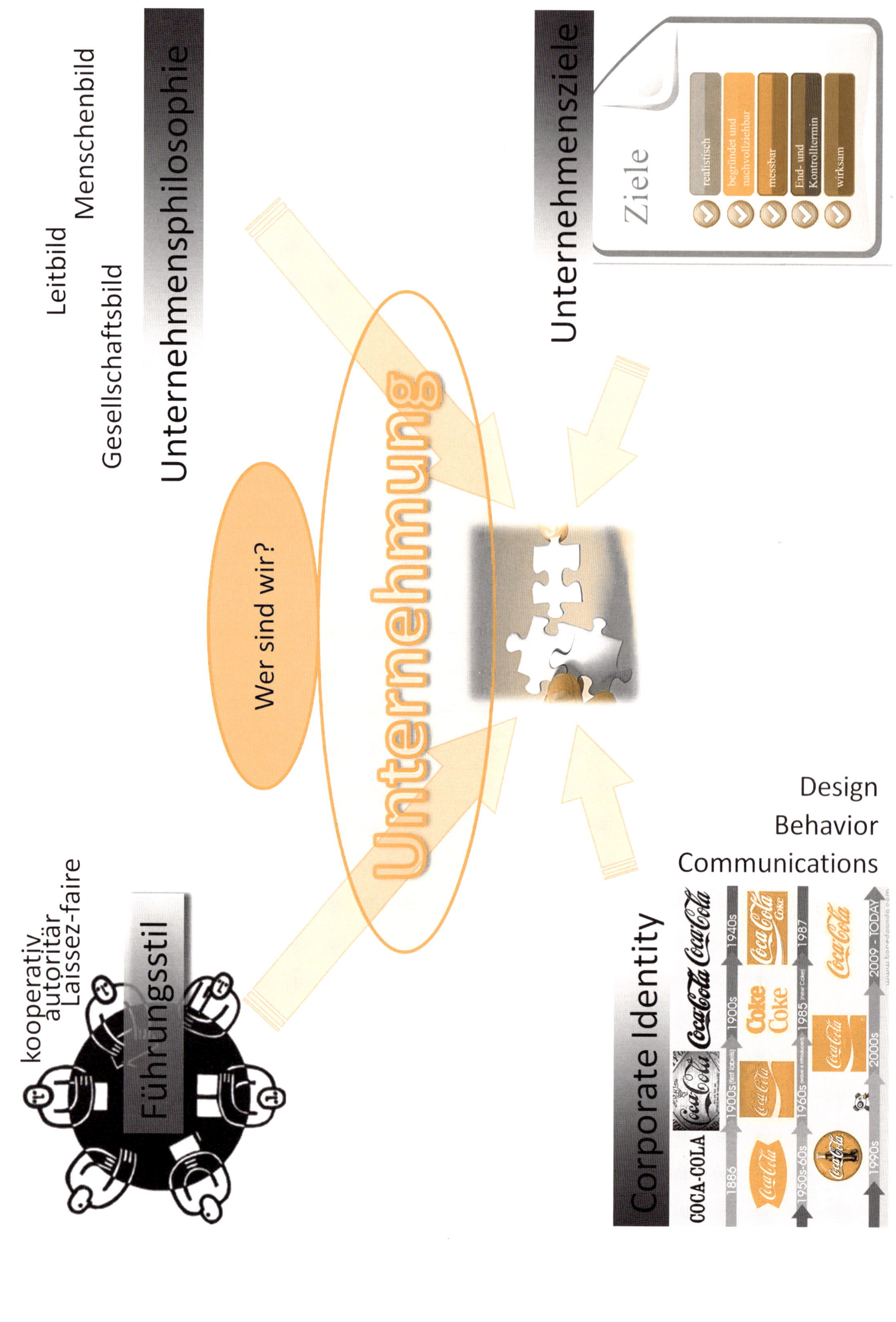

Arbeitspaket 1: Ziele eines Unternehmens

Unternehmensphilosophie

Arbeits- und Zeitplan			
Thema: Unternehmensphilosophie und -ziele			
1. Was wollen wir erreichen? Welches Produkt soll am Ende der Themenbearbeitung stehen?			
Formulierung der Unternehmensziele und Überprüfung der Unternehmensphilosophie			
2. Was ist zu tun?	**von wem?**	**bis wann?**	**✓?**
2.1 Zielbeziehungen bzw. Zielkonflikte	*GF, BG*		
2.2 Anspruchsgruppen des Unternehmens benennen	*GF, BG, BR*[1]		
2.3 Bedeutung einer Corporate Identity	*GF, BG*		
2.4 Führungsstil für das Unternehmen festlegen	*GF, BG, BR*		
2.5 Unternehmensphilosophie überprüfen	*GF, BG, ggf. BR*		
3. Was brauchen wir für unsere Arbeit?			

1 GF = Geschäftsführung, BG = Beratungsgesellschaft, BR = Betriebsrat.

KRITERIEN FÜR UNTERNEHMENSZIELE

Ausgangssituation

Unternehmensziele der SWI Schweißtechnik GmbH

AB 12

Herr Hansen und die Vertreter der Geschäftsführung wollen gemeinsam die Ziele für die mittelfristige Unternehmensplanung formulieren. Zur Arbeitssitzung hat Herr Hansen zum Einstieg einen Kurzvortrag vorbereitet:

> Die oberste Aufgabe der Betriebsführung besteht u.a. darin, in einer Zielentscheidung die Zielfunktion des Betriebs zu formulieren. Hierbei sollen alle Ziele bzw. Teilziele, die das Unternehmen verfolgt, zum Ausdruck kommen. Für das Unternehmen als marktwirtschaftlich orientierter Betrieb ist die langfristige Gewinnmaximierung i.d.R. das oberste Ziel. Dieses Ziel kann aber nur unter Beachtung zusätzlicher Zielsetzungen erreicht werden. Man spricht dabei von Nebenbedingungen oder Unterzielen.
>
> Als Oberziel bezeichnet man also die Zielsetzung des Betriebes, die häufig nicht unmittelbar, sondern nur über Zwischenstufen erreichbar ist. Das Oberziel ist gewöhnlich nicht operational formuliert, d.h., es lässt sich nicht in Messgrößen wie Anzahl, Geld oder Prozent bestimmen. Eine operationale Vorgabe ist jedoch dann von entscheidender Bedeutung, wenn die Oberziele auf Unterziele aufgeteilt werden, um diese den einzelnen Abteilungen oder Mitarbeitern als Zielvorgaben geben zu können.
>
> Besteht z.B. das Oberziel eines Betriebes darin, einen möglichst hohen Umsatz zu erreichen, so können daraus die Unterziele maximaler Umsatz für Produkt A und maximaler Umsatz für Produkt B abgeleitet werden und je einem Verkaufsleiter zugeteilt werden.

Folgende Kriterien sollten bei der Formulierung von Unternehmenszielen beachtet werden (bei der Formulierung von Unterzielen müssen nicht immer aller Kriterien zu 100 % erfüllt sein):

Realisierbarkeit[1] Die Ziele sollten so formuliert sein, dass sie erreichbar sind!

Operationalisierbarkeit Die Ziele sollten klar beschrieben sein und sich auf die Erreichung überprüfen lassen!

Kontinuität Die Ziele sollten auf den Ergebnissen des IST-Zustandes beschrieben werden!

Aktualität Die Ziele sollten zeitnah sein und aktuelle Entwicklungen berücksichtigen!

Vollständigkeit Die Ziele sollten möglichst alle Unternehmensbereiche erfassen, damit eine Abstimmung erfolgen kann!

Arbeitsauftrag

1. Nehmen Sie zu dem Kurzvortrag von Herrn Hansen Stellung!
2. Stellen Sie in einem Schaubild die verschiedenen „Anspruchsgruppen" dar, die auf die Zielbildung der SWI Schweißtechnik GmbH Einfluss nehmen. Nutzen Sie PB 5.
3. Machen Sie dabei deutlich, wer von diesen Gruppen *formelle Einwirkungsmöglichkeiten* hat, bzw. wer *informelle Einwirkungsmöglichkeiten* hat.
4. Welche Zielbeziehungen lassen sich in dem vorliegenden Ausgangsfall aufzeigen? Worin können sich Zielbeziehungen unterscheiden (Versuchen Sie hierzu die Begriffe „neutrale Zielbeziehungen", „komplementäre Zielbeziehungen" bzw. „konkurrierende Zielbeziehungen" zu verwenden.

1 Vgl. www.orghandbuch.de

Kriterien für Unternehmensziele

5. Formulieren Sie stellvertretend für die Gesellschafter von SWI Schweißtechnik GmbH Unternehmensziele.
6. **Zum Praxisbeispiel:** Fassen Sie die wesentlichen Inhalte aus IB 3 zusammen und bereiten Sie sich auf eine Kurzpräsentation vor.

Unternehmensbeispiel: Bedeutung und interner Stellenwert von Nachhaltigkeit bei der Henkel AG & Co. KGaA[1]

IB 3

Ausschnitte aus einem Interview mit Herrn Carsten Knobel[2]

Henkel AG & Co. KGaA

Henkel ist weltweit mit führenden Marken und Technologien in den drei Geschäftsfeldern Wasch-/Reinigungsmittel, Kosmetik/Körperpflege und Adhesive Technologies (Klebstoff-Technologien) tätig. 2010 wurde ein Konzernumsatz von mehr als 15 Milliarden Euro erwirtschaftet. Von rund 48 000 Mitarbeitern sind 80 % außerhalb Deutschlands tätig. Damit ist Henkel eines der am stärksten international ausgerichteten Unternehmen in Deutschland.

Carsten Knobel

Nach seinem Studium der Wirtschaftswissenschaften und der technischen Chemie in Berlin trat Carsten Knobel 1995 als Vorstandsassistent im Bereich Forschung & Entwicklung bei Henkel ein. Es folgten Positionen als Manager im Marketingcontrolling, Direktor im Regionalcontrolling und M&A Kosmetik/Körperpflege, Produktmanager im internationalen Marketing und Bereichsleiter für Strategieentwicklung und Konzerncontrolling der Henkel Gruppe. Viele seiner Positionen führten ihn ins Ausland. Seit 2009 ist Carsten Knobel als Ressortleiter der Unternehmensbereiche Kosmetik/Körperpflege und Finanzen tätig. Als Finanzdirektor im Unternehmensbereich Kosmetik/Körperpflege verantwortet er die Gebiete Finanzen/Controlling, Business Development, Marktforschung und Media, im Finanzbereich leitet er das Corporate Controlling.

➤ ***Herr Knobel, inwiefern üben Ihre Stakeholder Druck auf Henkel aus, sich mit Nachhaltigkeit zu beschäftigen?***

Es gibt zwei wesentliche Stakeholder bei dieser Thematik. Der wichtigste Stakeholder ist aus Sicht von Henkel der Kunde. Die Konsumenten erwarten einerseits von Henkel, dass wir unsere Produkte sozial und ökologisch gestalten und herstellen. Andererseits verlangen sie eine uneingeschränkte Produktleistung bei regulären Preisen.

Der andere wichtige Stakeholder ist Henkel selbst. Das Thema Nachhaltigkeit ist ein wichtiger Bestandteil unserer Unternehmenskultur. Wir verpflichten uns in unseren Unternehmenswerten, unsere führende Rolle im Bereich Nachhaltigkeit auszubauen. Das bedeutet, dass wir – entlang der gesamten Wertschöpfungskette – mit unseren Marken und Technologien die Bedürfnisse der Menschen heute erfüllen, ohne dabei die Entwicklungsmöglichkeiten künftiger Generationen zu gefährden.

➤ ***Welche Erfahrungen haben Sie mit weiteren Stakeholdern?***

Das Thema Nachhaltigkeit wird aktuell auf Konferenzen mit Investoren und Analysten sicherlich häufiger als früher behandelt. Henkel ist dabei gut aufgestellt: Durch die langjährige Auseinandersetzung mit nachhaltigem Handeln haben wir eine ausgezeichnete Reputation als Unternehmen und weltweit führende Positionen erlangt. Der Druck der breiteren Öffentlichkeit ist aber eher gering. Da sind andere

1 Weber, J. (Hrsg.), u. a.: Nachhaltigkeit und Controlling, Advanced Controlling, Bd. 80, 1. Auflage, WILEY-VCH Verlag, 2012, S. 42ff.

2 Corporate Senior Vice President Cosmetics & Toiletries, Financial Director, Finance – Corporate Controlling.

6 Korte - ISBN 978-3-8120-1029-0

Branchen, denke ich, klarer im Fokus. Trotzdem verpflichten wir uns der Nachhaltigkeit, indem wir zum Beispiel anstreben, Potenziale an unseren Standorten zu heben, Energie-, Wasserverbrauch oder Abfälle zu reduzieren.

- ***Wie kam es denn trotzdem dazu, dass Henkel so frühzeitig und vor allem so intensiv damit begonnen hat, Nachhaltigkeit in die Geschäftstätigkeit zu integrieren?***

Ich kann mir vorstellen, dass dies damit zu tun hat, dass das Unternehmen in der Vergangenheit noch stärker in der Chemiebranche tätig war. Daher haben wir uns schon immer mit Themen wie nachwachsenden Rohstoffen, Rohstoffverbrauch und ressourcenschonenden Produktionstechniken auseinandergesetzt. Bereits in den 80er Jahren wurde beispielsweise die erste Verordnung »Grundsätze und Ziele zu Umweltschutz und Sicherheit« eingeführt. In dieser Verordnung wurden Themen wie Arbeitsschutz, Ressourcenschonung und Emissionsminderung in unseren Produktionsstandorten geregelt. Insofern ist Nachhaltigkeit bei Henkel alles andere als ein Modethema.

- ***Die Chemiesparte wurde doch vor Jahren verkauft?***

Richtig, aber diese Themen stecken weiter in den Köpfen unserer Mitarbeiter, obwohl die Chemiesparte 2005 verkauft wurde. Das ist für sie eine Selbstverständlichkeit. Auch der Vorstand hat sich klar dem Thema Nachhaltigkeit verpflichtet. Er lebt das den Mitarbeitern vor und zeigt damit auch, dass er es mit der Umsetzung ernst meint. Ansonsten besteht die Gefahr, dass bei der ersten kleinen Problematik Nachhaltigkeit hinten angestellt wird und die guten Vorsätze im Tagesgeschäft in Vergessenheit geraten. Sie müssen sich vorstellen, dass Nachhaltigkeit immer dann Gefahr läuft zu scheitern, wenn den Mitarbeitern deren Nutzen mit Blick auf das eigene Budget nicht bewusst wird. Zum nachhaltigen Wirtschaften gehört auch der ökonomische Erfolg, und die optimale Balance unterschiedlicher Ziele zu finden ist nicht immer einfach. Die Faktoren der Verankerung in der Unternehmenskultur und Topmanagement-Unterstützung sind daher definitiv zwei Stützpfeiler unserer Vorreiterschaft als nachhaltiges Unternehmen.

- ***Woran machen Sie die erwähnte Vorreiterschaft fest und wie können Sie als Unternehmen davon profitieren?***

Man muss sich nur anschauen, wie oft Henkel für Auszeichnungen und Preise im Bereich Nachhaltigkeit nominiert ist. Für das Jahr 2010 zum Beispiel ist Henkel zum vierten Mal in Folge »Sustainability Leader« im Marktsektor kurzlebige Konsumgüter des weltweiten »Dow Jones Sustainability Index« geworden. Der Index führt Unternehmen auf, die vorbildlich nach den Prinzipien einer nachhaltigen Entwicklung wirtschaften. Unser Kunde *Walmart* hat Henkel 2010 zum zweiten Mal mit dem *»Walmart Sustainability Award«* ausgezeichnet. Dies sind nur zwei Beispiele. Oder nehmen Sie unsere Produkte, beispielsweise im Bereich Kosmetik. Right Guard-Deodorant-Spray zeigt beispielhaft, wie wir den Nutzen für die Verbraucher erhöhen und gleichzeitig den ökologischen Fußabdruck verringern: Die neu entwickelte Rezeptur mit antibakteriellen Silbermolekülen schützt 48 Stunden vor Körpergeruch. Das optimierte Sprühventil verringert übliche Sprühverluste um 20 Prozent. In Kombination mit einer effizienten Rezeptur, einer kontinuierlich optimierten Produktion und Logistikkette ist das Ergebnis ein noch niedrigerer CO_2-Fußabdruck. Ich denke, dass Henkel dadurch auch für Kunden und Investoren interessanter wird.

- ***Wie wird sich das Unternehmen in der Zukunft ausrichten?***

Wir werden nach wie vor eine Balance zwischen wirtschaftlichem Erfolg, Schutz der Umwelt und gesellschaftlicher Verantwortung anstreben. Dabei wollen wir das vorhandene Potenzial von Nachhaltigkeit noch stärker nutzen. Die Nachhaltigkeitsperformance bei Henkel ist zwar schon eine sehr gute – die bis 2012 gesetzten konzernweiten Ziele konnten wir bereits 2010 vorzeitig erreichen. Wir sind aber überzeugt, dass unsere Fortschritte im Bereich Ressourceneffizienz und Wirtschaftlichkeit auch einen wichtigen Beitrag zur Erreichung unserer Finanzziele leisten. Oftmals hilft bereits die Aufklärung der Kunden: Wenn wir vorrechnen können, dass die Kunden bei Nutzung unseres energieeffizienteren Produktes Geld gegenüber der Nutzung von Konkurrenzprodukten sparen, dann wird auch die Nachfrage größer werden.

Kriterien für Unternehmensziele

Anspruchsgruppen (Stakeholderansatz)

PB 5

Anspruchs-gruppe	Ziele, Erwartungen und Ansprüche gegenüber SWI (Sicht der Anspruchsgruppe)	Ziele, Erwartungen und Ansprüche gegenüber Stakeholdern (Sicht der SWI)
Kunden		
Mitarbeiter		
Lieferanten		
Staat/ Gesellschaft		

Kriterien für Unternehmensziele

Ausgangssituation

Unternehmensphilosophie der SWI Schweißtechnik GmbH

AB 13

„Keine Sorge Chef, wir ziehen alle an einem Strang!"

Dass alle an einem Strang ziehen, ist der Traum jeder Firmenleitung. Bei der SWI Schweißtechnik GmbH hatte man in der Vergangenheit viel getan, um die Belegschaft in diesem Sinne zu motivieren: Leistungsgerechte Entlohnung, gute Sozialleistungen, Arbeitshumanisierung und vieles anderes mehr. Und doch gab es eine Menge Probleme: Viele Mitarbeiter waren eifersüchtig auf ihre eigenen Vorteile bedacht, suchten sich gegenüber anderen abzugrenzen, gaben erworbene Kenntnisse ungern weiter („Wissen ist Macht"), interessierten sich höchstens für den Erfolg der eigenen Abteilung, nicht für den des Ganzen.

Weitere Nachforschungen brachten zutage, dass viele ihre Arbeit als für den Broterwerb notwendiges Übel ansahen. Der Betrieb war für sie der Gegner, der ihnen die Freizeit stahl und aus dem man deshalb möglichst viel „herausholen" musste. Kurzum: Es fehlte offensichtlich die positive Identifikation des Einzelnen mit dem Betrieb, ein „Wir-Bewusstsein", welches die Anliegen des Unternehmens zu denen seiner Mitarbeiter machte und Kräfte mobilisierte. Herr Stamm erkannte nach einem Gespräch mit Herrn Hansen, dass hier Kräfte brachlagen, die dringend benötigt wurden. Diese Erkenntnis veranlasste Herrn Stamm, sich eingehend mit dem Problem der Unternehmenskultur zu befassen. Zurzeit sind Herr Stamm und Herr Wenger noch alleinige Geschäftsführer. Herr Wenger ist Geschäftsmann „vom alten Schlag" und führt die Unternehmensgeschäfte entsprechend seiner konservativen Vorstellungen. Herr Stamm entscheidet spontan und aus „dem Bauch" heraus.

Das folgende Gespräch entstammt aus einer Besprechung mit dem Unternehmensberater Hansen, einem Experten auf dem Gebiet der Unternehmensphilosophie.

Herr Stamm:	„Es wird Zeit, dass wir uns mit unserer Unternehmenskultur eingehend beschäftigen und unserem Unternehmen eine Unternehmensphilosophie geben."
Herr Wenger:	„Was für eine Philosophie? Meine Philosophie ist, hart zu arbeiten."
Herr Hansen:	„Herr Stamm meint, dass die Unternehmen vor Problemen stehen, wie sie es vor dreißig oder vierzig Jahren nicht gab. Beispielsweise der verschärfte Wettbewerb mit immer kürzeren Produktlebenszyklen. Die Verbraucher sind mit Gütern gesättigt. Darüber hinaus haben sich die Märkte geöffnet und die Unternehmen treten weltweit zueinander in Konkurrenz. Die Folge davon ist wachsender Konkurrenzdruck. Die Unternehmen können sich in dieser Informationsflut immer schlechter Gehör verschaffen und bei den Verbrauchern führt dies zu ‚Werbefrust'."
Herr Stamm:	„Außerdem ist die immer kritischere Öffentlichkeit ein zunehmendes Problem. Die Öffentlichkeit sieht uns Unternehmen nicht nur als Güterproduzenten, sondern auch als Machtgebilde, deren Handeln sich ökonomisch, ökologisch und sozial auswirkt."
Herr Wenger:	„Ja und? Welche Folgen hat eine solche kritische Öffentlichkeit für uns?"
Herr Stamm:	„Wir müssen uns mit den Konsequenzen unseres Handelns auseinandersetzen und Verantwortung übernehmen, beispielsweise ökologische Verantwortung oder gesellschaftliche Verantwortung, indem wir junge Menschen ausbilden."
Herr Hansen:	„Genau richtig! Ein weiteres Problem sehe ich, wenn auch eher auf große Konzerne zutreffend, in einem fehlenden Zusammenhalt und einem Auseinanderdriften eines Unternehmens, d.h., die Unternehmen wachsen, diversifizieren sich

und arbeiten weltweit. Damit nehmen Spezialisierung, Komplexität, Unüberschaubarkeit und Anonymität zu. Es kommt folglich zu Eigenprofilierung von einzelnen Bereichen und Abteilungen und damit verbundene interne Machtkämpfe. Das schwächt das Unternehmen."

Herr Stamm: „Ein viertes Problem, welches eine Unternehmensphilosophie notwendig macht, ist der zunehmende Teil von unzufriedenen Mitarbeitern. Sie sehen ihre Arbeit nur als notwendiges Übel an. Unsere Mitarbeiter müssen wieder stärkere Einsicht in den Sinn ihrer Tätigkeit bekommen. Nur so können wir verhindern, dass durch die sinkende Identifikation der Mitarbeiter mit dem Unternehmen die Arbeitsmoral noch weiter sinkt."

Herr Wenger: „Das hört sich alles sehr interessant an, aber nun sagt mir mal kurz und bündig, was eine Unternehmenskultur ist. Ist es nicht dasselbe wie eine Unternehmensphilosophie?"

Herr Hansen holt tief Luft und beginnt mit einem langen Vortrag.

Arbeitsauftrag

1. Im Verlauf des Dialogs werden Probleme genannt, die es für Unternehmen zwingend notwendig machen, sich mit einer Unternehmensphilosophie auseinander zu setzen. Stellen Sie diese Probleme und deren Folgen in einem Mind-Map dar. Nutzen Sie dazu die Folie, um anschließend den anderen Ihr Ergebnis präsentieren zu können.
2. Informieren Sie sich über Ihren Lehrer auf dem Informationsblatt IB 4 über die Begriffe „Unternehmenskultur" bzw. „Unternehmensphilosophie". Stellen Sie diese auf einer Folie kurz stichwortartig dar. Worin unterscheiden sie sich?

IB 4

Kriterien für Unternehmensziele

Corporate Identity – oder: „Herr Stamm packt es an!"

Ausgangssituation

Corporate Identity

AB 14

Herr Stamm und Herr Hansen legen in einer Besprechung ihr weiteres Vorgehen fest. Folgender Dialog ist ein Teil dieser Besprechung:

Herr Stamm:	„Nachdem jetzt die Notwendigkeit einer Unternehmensphilosophie geklärt ist, sollten wir den nächsten Schritt gehen und für unser Unternehmen eine Unternehmensphilosophie in einem Leitbild festschreiben."
Herr Hansen:	„Ich würde vorschlagen, wir gehen noch einen Schritt weiter und planen eine Corporate Identity Strategie für die SWI Schweißtechnik GmbH."
Herr Stamm:	„Eine was bitte?"
Herr Hansen:	„Corporate Identity. Die Grundlage der Corporate Identity bildet die Unternehmenskultur. Jedes Unternehmen hat seine Werte und Normen, seine Denk- und Verhaltensmuster, welche die Entscheidungen, Handlungen und Aktivitäten der Mitarbeiter beeinflussen, sei es bewusst oder unbewusst. Corporate Identity baut auf der Unternehmenskultur auf und wirkt auf sie zurück."
Herr Stamm:	„Und wo ist der Unterschied zu einer Unternehmenskultur?"
Herr Hansen:	„Im Gegensatz zum Begriff Unternehmenskultur, der eher nach innen gerichtet ist, **wirkt Corporate Identity nach innen und nach außen,** indem es die Bezugsgruppen des Unternehmens wie Kunden oder Lieferanten, über seine Werte und Normen informiert. Sie besteht aus drei Bereichen: **Corporate Communication, Corporate Design** und **Corporate Behaviour.**"

Herr Hansen erklärt Herrn Stamm die drei Elemente und welche Ziele damit erreicht werden sollen. Ihre Aufgabe ist es, sich ebenfalls mit der Corporate Identity vertraut zu machen. Sie nutzen dazu die Methode des Stationenlernens.

Arbeitsauftrag

1. Besuchen Sie mit Ihrer Gruppe nacheinander die vier Stationen (vgl. IB 5).
2. Notieren Sie sich die zentralen Aussagen der einzelnen Stationen auf Ihrem Protokollblatt.

   Notieren Sie Ihre Ergebnisse der **zuerst besuchten Station** auf dem dafür vorgesehenen Blatt (PB 6), um sie anschließend vorstellen zu können.
3. Vergleichen Sie die Vorgehensweise am Beispiel Henkel AG[1] zur Neugestaltung einer Corporate Identity.

IB 5

1 Nutzen Sie IB 6.

Kriterien für Unternehmensziele

Bestandteile der Corporate Identity

PB 6

Corporate Design	Corporate Communication	Corporate Behaviour

Ziele nach innen	Ziele nach außen

IB 6

Kriterien für Unternehmensziele

Ausgangssituation

Autoritärer und kooperativer Führungsstil

AB 15

Nachdem Herr Hansen die Herren Stamm und Wenger von der Notwendigkeit einer Auseinandersetzung mit einer Unternehmensphilosophie überzeugt hat, sollen nun erste Schritte zur Umsetzung eingeleitet werden. Auf Empfehlung von Herrn Hansen hat die Geschäftsführung erstmals eine Mitarbeiterzufriedenheitsstudie durchgeführt. Die Umfrage wurde mittels eines **anonymen** Fragebogens in allen Abteilungen durchgeführt. Folgende Ergebnisse wurden festgestellt:

Auszug aus den Ergebnissen der Mitarbeiterbefragung der SWI Schweißtechnik GmbH	
10 Nennungen:	Ängste am Arbeitsplatz* (Angst vor Kündigungen, Angst den Ansprüchen nicht zu genügen).
3 Nennungen:	Schlechtes Betriebsklima (Mitarbeiter fühlen sich von Kollegen kontrolliert, keine freundschaftlichen Beziehungen unter den Mitarbeitern).
5 Nennungen:	Fehlende Zielvorgaben (Orientierungslosigkeit, was soll erreicht werden).
18 Nennungen:	Mangelndes Mitspracherecht (geringe Kompetenzen bei Verkaufs- bzw. Einkaufsentscheidungen, Verbesserungsvorschläge bleiben häufig unberücksichtigt, Mitarbeiter werden vor vollendete Tatsachen gestellt, keine Mitsprache bei der Entwicklung neuer Produkte).
7 Nennungen:	Rauer Umgangston.
10 Nennungen:	Motivationsprobleme (keine Belobigungen, keine positiven Feedbacks).

* Mitarbeiter haben mittlerweile von der kritischen Unternehmenssituation gehört.

Die Vielzahl von Nennungen im Bereich Ängste am Arbeitsplatz, Motivationsprobleme, mangelndes Mitspracherecht und ablehnende Haltung gegenüber neuen Ideen von Mitarbeitern beunruhigt Herrn Stamm sehr. Herr Hansen sieht einen Teil der Probleme im Führungsstil bzw. Führungsverhalten innerhalb des Unternehmens begründet. Herr Stamm beschließt daraufhin an einem Seminar zu Führungskonzepten teilzunehmen.

Arbeitsauftrag

Nachdem Herr Stamm von dem Seminar „Führungskonzepte" zurückgekehrt ist, möchte er den anderen Gesellschaftsmitgliedern die wesentlichen Inhalte dieses Seminars bzgl. des autoritären bzw. kooperativen Führungsstils erläutern:

1. Bilden Sie vier Gruppen.
2. Versetzen Sie sich in die Rolle von Herrn Stamm. Lesen Sie sich dazu die Informationen zum autoritären und kooperativen Führungsstil durch (IB 7).
3. Gruppe 1: Erarbeiten Sie die wesentlichen Merkmale des autoritären Führungsstils.

   Gruppe 2: Erarbeiten Sie die wesentlichen Merkmale des kooperativen Führungsstils.

   Gruppe 3: Sammeln Sie aus Sicht der SWI Schweißtechnik GmbH Vorteile des autoritären und kooperativen Führungsstils.

   Gruppe 4: Sammeln Sie aus Sicht der SWI Schweißtechnik GmbH Nachteile des autoritären und kooperativen Führungsstils.

   Nutzen Sie dazu PB 7 und PB 8.

4. Beschreiben Sie das Führungsverhalten am Beispiel des Unternehmens „Fischer" Befestigungssysteme.[1]
5. Halten Sie diese in der Tabelle auf dem Protokollblatt fest.
6. Halten Sie Ihre Ergebnisse dazu in Stichworten auf Karten fest, damit diese an das vorbereitete Wandplakat geheftet werden können (Schriftgröße beachten).
7. Rufen Sie sich die Präsentationsregeln noch einmal ins Gedächtnis (Sprechen Sie beispielsweise zur Gruppe und nicht zum Plakat).
8. Beurteilen Sie, welcher Führungsstil für die SWI Schweißtechnik GmbH geeignet ist.

Autoritäter und kooperativer Führungsstil nach Tannenbaum

IB 7

Unter einem Führungsstil versteht man die Art der Führungsmittel, die eingesetzt werden, um die Mitarbeiter zu einem bestimmten Handeln und Verhalten zu veranlassen.

Zwei grundlegende, extrem entgegengesetzte Führungsstile sind der autoritäre und der kooperative Führungsstil. Bei dem autoritären Führungsstil entscheidet der Führende (Vorgesetzte) alles alleine. Die Geführten (Mitarbeiter) sind lediglich Befehlsempfänger. Mitsprache, Anregungen oder Widerspruch der Geführten werden nicht zugelassen. Die Mitarbeiter sind also direkt und vollständig vom Vorgesetzten abhängig. Der kooperative Führungsstil zeichnet sich dagegen dadurch aus, dass der Vorgesetzte gemeinsam mit den Mitarbeitern entscheidet. Die Mitarbeiter haben in ihrem Bereich einen Entscheidungsspielraum. Mitsprache, Anregungen, Widerspruch der Mitarbeiter sind erwünscht. Die Führungskraft ist um ein partnerschaftliches Verhältnis und eine positive Arbeitsatmosphäre bemüht. Man kann sagen, dass die Mitarbeiter weitgehend unabhängig handeln.

In der betrieblichen Praxis sind diese Führungsstile nicht in reiner Form anzutreffen. Man findet dort häufig Mischformen, die zu dem einen oder anderen Stil tendieren. Der amerikanische Führungsforscher R. Tannenbaum unterteilt dabei in sieben Führungsstile. Sie unterscheiden sich nach dem Anteil, den Vorgesetzte und Mitarbeiter jeweils an der Willens- bzw. Entscheidungsbildung haben.

Führungsstile (nach Tannenbaum)[2]

Willensbildung beim Vorgesetzten						**Willensbildung beim Mitarbeiter / Gruppe**
Vorgesetzter entscheidet; setzt durch; notfalls Zwang	Vorgesetzter entscheidet, setzt mit Manipulation durch	Vorgesetzter entscheidet, setzt mit Überzeugung durch	Vorgesetzter informiert, Meinungsäußerung der Betroffenen	Gruppe entwickelt Vorschläge, Vorgesetzter wählt aus	Gruppe entscheidet in vereinbartem Rahmen unabhängig	Gruppe entscheidet unabhängig, Vorgesetzter als Koordinator
„autoritär"	**„patriarchalisch"**	**„informierend"**	**„beratend"**	**„kooperativ"**	**„partizipativ"**	**„demokratisch"**

---

1 Nutzen Sie IB 8 .

2 Vgl. Tannenbaum, R.; Schmidt, W. H. (1958): How to choose a leadership pattern. In: „Havard Business Review". 36/1958, pg. 95–102.

7 Korte - ISBN 978-3-8120-1029-0

Kooperativ-situative Führungsstile

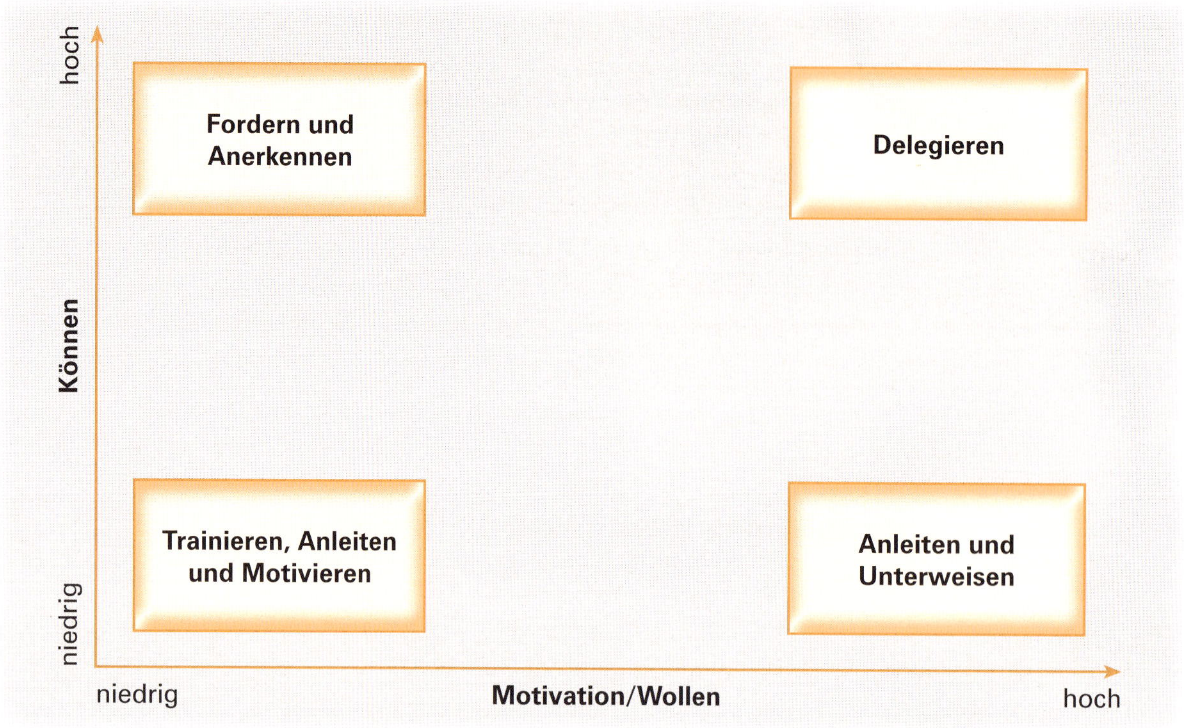

Quelle: Materialien zum Fach „Personalwesen" an der Berufsakademie Mannheim; Christian Scheller, www.talentmarketing.de

Die Führungsstile kommen den Grundbedürfnissen des Menschen auf unterschiedliche Weise entgegen und motivieren ihn so zur Leistung.

- Die mehr autoritären Führungsstile richten sich vor allem an die unteren Bedürfnisschichten des arbeitenden Menschen. Die Motivation erfolgt lediglich über Lohnanreize, Gewährung von Sicherheit und Sozialleistungen.
- Bei den mehr kooperativen Führungsstilen werden die höheren Bedürfnisschichten angesprochen. Die Ausübung von Befehlsgewalt ist verpönt. An ihre Stelle tritt die Aufgabe des Vorgesetzten, seine Mitarbeiter zu überzeugen und zielgerichtet zu motivieren. Zu diesem Zweck werden Entscheidungen von den Mitarbeitern dort gefällt, wo sie nötig sind.

Autoritärer Führungsstil heißt ...

... immer die Zielscheibe des Vorgesetzten zu sein!?

Kooperativer Führungsstil heißt ...

... immer endlose Diskussionen bis eine Entscheidung getroffen wird!?

Autoritärer Führungsstil heißt ...

... immer schnell eine Entscheidungsfindung, aber Überlastung des Vorgesetzten!?

Organisationsentwicklung und Managementkonzepte

Die Frage nach dem besten Führungsstil lässt sich nicht eindeutig beantworten. Vor allem ist der autoritäre Stil nicht ausschließlich zu verdammen und der kooperative Stil nicht ausschließlich positiv zu beurteilen.

Der autoritäre Stil kann erfolgreich sein, führt aber bei schlechtem Führer zu Misserfolgen. Die Entwicklung geht aus folgenden Gründen eindeutig in Richtung der kooperativen Führungsstile:

- Die ausführenden Arbeiten werden immer mehr durch automatische Maschinen erledigt. Die schöpferische Leistung, das Suchen und Finden von Problemlösungen gewinnt an Bedeutung. Dann lähmt ein autoritärer Stil Initiative und Selbstverantwortung.

Die Komplizierung der Vorgänge macht die früher gängige Unternehmensleitung durch eine Person bzw. wenige Personen illusorisch. Delegation von Entscheidungen ist notwendig.

Wesentliche Merkmale des autoritären und kooperativen Führungsstils

PB 7

autoritärer Führungsstil	kooperativer Führungsstil

Vor- und Nachteile der beiden Führungsstile aus Unternehmenssicht

PB 8

	Vorteile	Nachteile
autoritär		
kooperativ		

IB 8

Advanced Organizer:

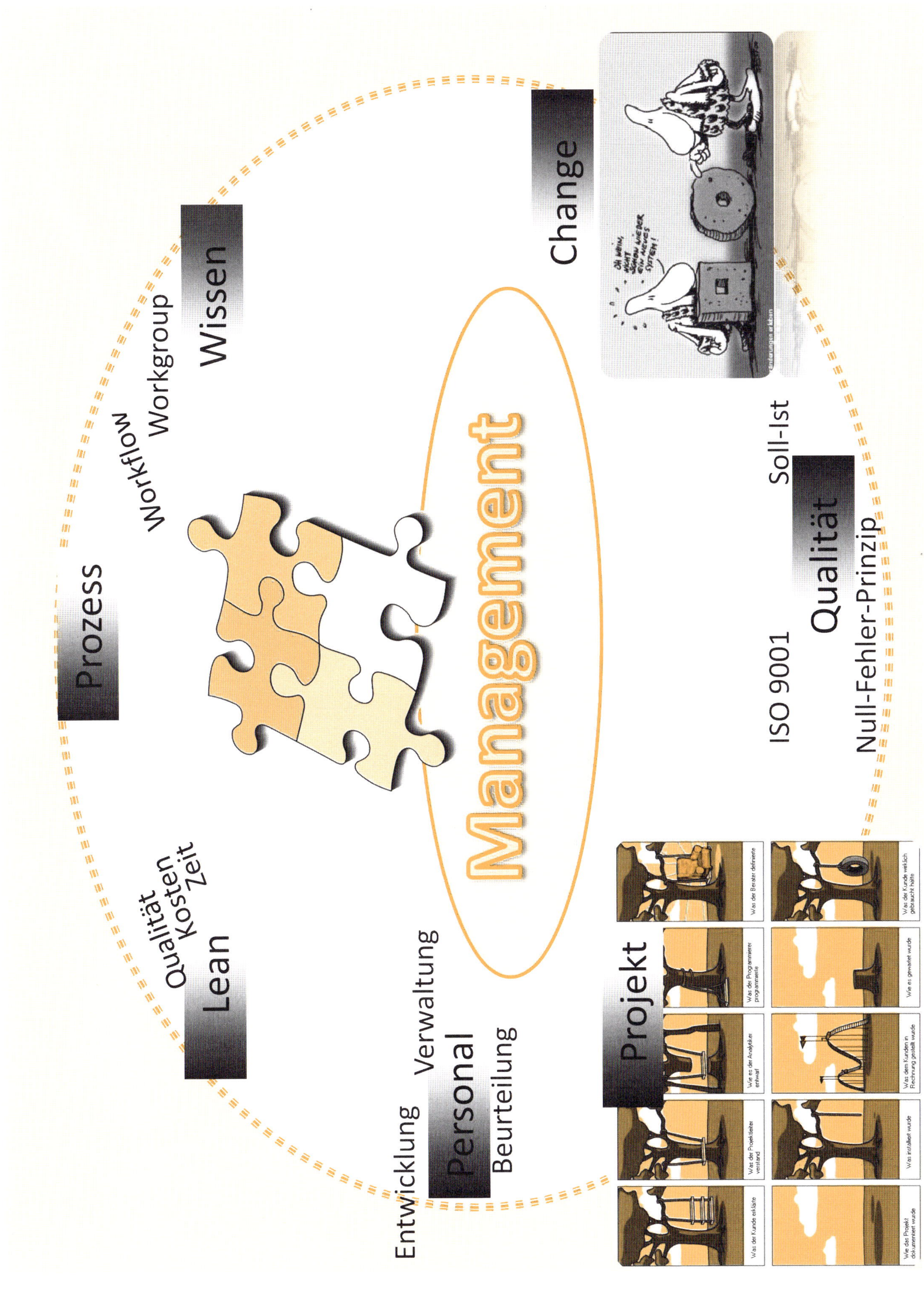

Workshop | Arbeitspaket 1 | ARBEITSPAKET 2 | Arbeitspaket 3 | Arbeitspaket 4 | Arbeitspaket 5 | Arbeitspaket 6 | Arbeitspaket 7 | Abschluss

Arbeitspaket 2: Organisationsentwicklung und Managementkonzepte

Neue Managementstrukturen für die SWI Schweißtechnik GmbH

Arbeits- und Zeitplan

Thema: Managementsystem und Aufbauorganisation

1. Was wollen wir erreichen? Welches Produkt soll am Ende der Themenbearbeitung stehen?

Managementstrukturen für die SWI Schweißtechnik GmbH

2. Was ist zu tun?	von wem?	bis wann?	✓?
2.1 Geschäftsführung, in Zukunft Beschränkung auf Führungsaufgabe	*GF, BG*		
2.2 Wissenssicherung	*GF, BG, BR*		
2.3 Kernkompetenzen im Vordergrund	*GF, BG*		
2.4 Info an Mitarbeiter über grundsätzliche Zielsetzungen und Strategieausrichtungen des Unternehmens	*GF, BG, BR*		
2.5 Organisationsstruktur festlegen und prozessorientiert umsetzen	*GF, BG, ggf. BR*		
2.6 Standortfrage klären	*GF, BG*		

3. Was brauchen wir für unsere Arbeit?

Ausgangssituation

Neue Managementstrukturen für die SWI Schweißtechnik GmbH

AB 16

Die Analyse der Unternehmenssituation der Beratungsgesellschaft Hansen & Partner hat die Stärken und Schwächen der SWI Schweißtechnik GmbH deutlich werden lassen. Positiv hervorgehoben wurden von der Beratungsgesellschaft vor allem die im Ansatz bestehende Teamarbeit, die Einführung eines QM-Systems sowie der kooperative Führungsstil in der Unternehmensführung. Insgesamt wurde dem Unternehmen großes Engagement und Entscheidungsfreudigkeit auf unternehmerischer Ebene bescheinigt. Jedoch wurden auch einige Mängel, vor allem im Bereich der Führung des Unternehmens, aufgedeckt. So wurde festgestellt, dass neben den offiziellen, im Organigramm bestehenden Strukturen, eine Reihe weiterer informeller Verbindungen bestehen, die nur zum Teil auch miteinander korrespondieren. Obwohl das Unternehmen in den vergangenen Jahren weiter stetig gewachsen ist, wurden die kaum existierenden Strukturen weder verändert noch erweitert. Vor diesem Hintergrund ist ein Hierarchiedenken unter den Mitarbeitern vor allem aufgrund der nach wie vor stark im Unternehmen verankerten Teamorientierung so gut wie nicht existent. Eine Führung der Mitarbeiter im eigentlichen Sinne findet im Unternehmen bislang nicht statt. Die Zusammenarbeit der beiden Geschäftsführer verlief in der Vergangenheit zwar offen, jedoch nach Ansicht von Hansen & Partner nicht immer ausreichend konstruktiv. Besonders der autoritäre Führungsstil von Herrn Wenger erscheint dabei teilweise problematisch. Zwar plant Herr Wenger das Unternehmen auf Dauer zu verlassen und sein Kapital langfristig aus dem Unternehmen abzuziehen, bis dahin gilt es jedoch, ihn zunächst in mögliche neue Strukturen einzubinden. Sein fachliches und unternehmensbezogenes Wissen und das der anderen Mitarbeiter des Unternehmens gilt es, im Interesse der SWI Schweißtechnik GmbH zu sichern, um es so auch langfristig nutzbar machen zu können. Auf diese Weise könnten die in der Vergangenheit oftmals aufgetretenen Schwierigkeiten bei Detailfragen, die ursächlich aufgrund nicht ausreichend zur Verfügung gestellter Informationen entstanden sind, langfristig vermieden werden.

Vor dem Hintergrund der möglichen Einführung eines Wissensmanagements wurde von der Beratungsgesellschaft Hansen & Partner folgende Maßnahme formuliert:

Maßnahme 1:

Hinsichtlich der Aufgabenverteilung im Unternehmen wurde von Hansen & Partner weiterhin eine erhebliche Einbindung der Unternehmensführung in technische und vertriebliche Aufgaben analysiert, weil die beiden Geschäftsführer Wenger und Stamm nach Untersuchungen der Beratungsgesellschaft lediglich 10-15% ihrer Arbeitszeit den Führungsaufgaben im Unternehmen widmen. Der insgesamt aus vielen Faktoren heraus resultierende Mangel an ausreichender kaufmännischer Führung im Unternehmen wird von Hansen & Partner als eines der zentralen Probleme für die Situation des Unternehmens angeführt.

Vor dem Hintergrund einer fehlenden kaufmännischen Führung wurde von der Beratungsgesellschaft Hansen & Partner folgende Maßnahme formuliert:

Maßnahme 2:

Organisationsentwicklung und Managementkonzepte

Herr Wenger und Herr Stamm möchten auf Dauer aus der Analysetätigkeit der Beratungsgesellschaft einen direkten Nutzen für die SWI Schweißtechnik GmbH ziehen, damit die Strukturen im Unternehmen zukunftsorientiert ausgerichtet werden können. Aus diesem Grund haben sie den Willen gegenüber der Beratungsgesellschaft Hansen & Partner bekundet, die Zusammenarbeit mit den externen Beratern fortzusetzen und weiter zu intensivieren. Wenger und Stamm möchten sich anhand moderner Managementkonzepte über fortschrittliche Organisationsformen informieren und erhoffen sich ebenfalls Anregungen aus anderen Branchen. Vor diesem Hintergrund beauftragen sie Hansen & Partner, dem Unternehmen eine Präsentation moderner Managementsysteme vorzustellen, durch die sie sich Ideen für eine eigene neue Unternehmensstruktur erhoffen. Gleichzeitig erwarten sie durch eine konkret auf die Unternehmenssituation der SWI Schweißtechnik GmbH bezogene Analyse der Beratungsgesellschaft detaillierte Umsetzungsvorschläge, wie die derzeitigen Managementprobleme der SWI Schweißtechnik GmbH möglichst kurzfristig behoben werden können.

Hansen & Partner haben bereits erklärt, die gegenwärtig bestehenden Vorzüge bei einer Neuorganisation des Unternehmens in der Unternehmensstruktur beibehalten zu wollen. Hierzu zählen das große Engagement auf unternehmerischer Ebene sowie die bislang gut aufeinander abgestimmte strategische Ausrichtung im Zusammenhang mit der operativen Planung. Vor dem Hintergrund einer zukünftig unternehmerisch positiveren Entwicklung, sollte sich das Unternehmen nach Ansicht der Beratungsgesellschaft auch weiterhin auf die Kernkompetenzen konzentrieren und eine weiterhin an Wachstum ausgerichtete Unternehmenspolitik verfolgen.

Vor diesem Hintergrund wurde von der Beratungsgesellschaft Hansen & Partner folgendes formuliert:

Maßnahme 3:

Nach Ansicht von Hansen & Partner gilt es jedoch auch, eine Reihe von Verbesserungen im Unternehmen vorzunehmen. Zu den Schwachpunkten in der Unternehmensführung gehören laut Analyse der Ist-Situation neben der fehlenden Einigkeit hinsichtlich der zukünftigen Zielsetzungen im Unternehmen auf der Ebene der Geschäftsführung auch ein mit diesem Sachverhalt einhergehendes Fehlen von Informationen unter den Mitarbeitern zur Zielsetzung und Strategieausrichtung des Unternehmens.

Von der Beratungsgesellschaft Hansen & Partner wurde daher vor dem Hintergrund von Transparenz und Zielerreichung folgende Maßnahme formuliert:

Maßnahme 4:

Hansen & Partner wollen weiterhin überprüfen, inwieweit sich die Unternehmensorganisation der SWI Schweißtechnik GmbH noch zur Erreichung der angestrebten Unternehmensziele eignet und ob die bestehenden Strukturen noch einen ausreichenden Ordnungsrahmen für ein erfolgreiches Zusammenwirken der im Unternehmen beteiligten Mitarbeiter darstellt. Ebenfalls scheint eine Überarbeitung der gesamten Organisationsstruktur (siehe Zuständigkeitsbereiche im Organigramm) dringend erforderlich zu sein. Hansen & Partner möchten genau festlegen, wer in Zukunft für welche Aufgaben im Unternehmen zuständig ist und wie die verschiedenen Kommunikationsbeziehungen im Unternehmen geregelt sein sollen (Aufbauorganisation). Vor diesem Hintergrund will die Unternehmensberatung die Aufgaben des Unternehmens noch einmal genau definieren und überprüfen. Anschließend sollen diese zerteilt und anhand bestimmter Kriterien den einzelnen Aufgabenträgern neu zugewiesen werden.

Von der Beratungsgesellschaft Hansen & Partner wurde vor dem Hintergrund der Neuordnung der Abläufe im Unternehmen folgende Maßnahme formuliert:

Organisationsentwicklung und Managementkonzepte

Maßnahme 5:

Die Arbeitsabläufe im Unternehmen SWI Schweißtechnik GmbH weisen laut Hansen & Partner in hohem Maße Projektcharakter auf, was auf die Spezialisierung und auf die Herstellung von Sonderkonstruktionen zurückzuführen ist. Vor diesem Hintergrund findet nach jeder Auftragserteilung ein Kick-Off-Meeting statt, an dem die Vertreter der jeweils involvierten Funktionsbereiche teilnehmen. Im Anschluss daran folgt die Umsetzung des Projektes. Während dieser Phase findet zwischen den Bereichen Auftragsabwicklung, Konstruktion und Fertigung ein reger Austausch an Informationen statt. Vor diesem Hintergrund stellten Hansen & Partner eine im Verlauf des gesamten Prozesses zunehmend bedarfsorientierte Zusammenarbeit fest, bei der die formalen Regelungen in den Hintergrund treten.

Vor dem Hintergrund der Erhaltung von Flexibilität bei der Durchführung von Sonderanfertigungen wurde von Hansen & Partner folgende Maßnahme formuliert:

Maßnahme 6:

Laut Hansen & Partner sind im Unternehmen bislang nur informelle Teamstrukturen zu erkennen, d. h., die einzelne Teamorientierung im Unternehmen ist sehr stark ausgeprägt. Als Ursachen hierfür wurden die überschaubare Mitarbeiterzahl, der Projektcharakter der Aufgabenstellung und die familiäre Unternehmenskultur angeführt. Eine strukturierte und aktive Förderung oder Entwicklung der Teamstruktur findet demnach nicht statt. Die Mitarbeiter fühlen sich laut Hansen & Partner als Team und arbeiten mit einem entsprechenden Austausch und einer guten gegenseitigen Rückendeckung.

Von der Beratungsgesellschaft Hansen & Partner wurde vor dem Hintergrund einer gut funktionierenden Teamorientierung im Unternehmen folgende Maßnahme formuliert:

Maßnahme 7:

Obwohl Ablaufdiagramme im Unternehmen die Projektarbeit unterstützen, sollen die einzelnen Prozesse zeitlich und räumlich noch einmal überdacht und ggf. neu strukturiert werden *(Ablauforganisation).* Auch wird eine Formalisierung wesentlicher, im Unternehmen geltender Regelungen angestrebt, um das Ausmaß an notwendiger Formalisierung neu zu bestimmen und festzulegen. So soll der Anteil der fallweise und situationsbezogen gefällten Entscheidungen im Unternehmen deutlich zurückgedrängt werden. Auch sollen sich die Veränderungen der Unternehmensstrategien in der veränderten Struktur des Unternehmens wiederfinden. Die Neuausrichtung im Bereich Organisation und Führung wird vor allen Dingen vor dem Hintergrund einer strukturierten und unterstützenden Gestaltung des Unternehmenswachstums als besonders wichtig angesehen.

Von der Beratungsgesellschaft Hansen & Partner wurde vor dem Hintergrund der Neuordnung der Abläufe im Unternehmen folgende Maßnahme formuliert:

Maßnahme 8:

8 Korte - ISBN 978-3-8120-1029-0

Organisationsentwicklung und Managementkonzepte

Neben den traditionellen Gesichtspunkten möchten Hansen & Partner bei der Neuorganisation auch dem bereits durch das QM-System erheblich geförderten Prozessdenken einen noch größeren Raum geben, da dies von der Wissenschaft zunehmend als Ausgangspunkt einer optimalen organisatorischen Gestaltung angesehen wird. So sollen die insgesamt schon relativ schlanken Strukturen in einigen Teilbereichen weiter vereinfacht werden. Hansen & Partner sehen durch diese Maßnahme die Möglichkeit, im zunehmenden Wettbewerb die nach wie vor im Unternehmen bestehenden Defizite hinsichtlich Kundenfreundlichkeit, Flexibilität und Geschwindigkeit abzubauen und dadurch langfristig einen Vorsprung vor der Konkurrenz zu erlangen.

Von der Beratungsgesellschaft Hansen & Partner wurde vor dem Hintergrund einer verstärkten Prozessorientierung folgende Maßnahme formuliert:

Maßnahme 9:

Die gegenwärtige Aufteilung des Unternehmens auf zwei verschiedene Standorte in Oldenburg und Papenburg wird von der Beratungsgesellschaft in ihrer Analyse als nachteilig für eine zukünftig positive Entwicklung der SWI Schweißtechnik GmbH angesehen. Besonders die schlechten Kommunikationsbedingungen schrecken die Kunden zunehmend ab.

Von der Beratungsgesellschaft Hansen & Partner wurde vor dem Hintergrund der Klärung der Standortfrage folgende Maßnahme formuliert:

Maßnahme 10:

In naher Zukunft sollen die neuen Managementstrukturen umgesetzt werden. Die Mitarbeiter der SWI Schweißtechnik GmbH fürchten jedoch, dass eine Reihe tief greifender Veränderungen auf sie zukommen wird, die die Arbeit im Unternehmen nachhaltig beeinflussen. Zwar ist ihnen mittlerweile auf der einen Seite die Notwendigkeit von Reformen bewusst, auf der anderen Seite hofft man jedoch insgeheim auf keine zu großen Veränderungen.

Von der Beratungsgesellschaft Hansen & Partner wurde, vor dem Hintergrund einer auf Akzeptanz basierenden Umsetzung im Unternehmen, folgende Maßnahme formuliert:

Maßnahme 11:

Die Beratungstätigkeit von Hansen & Partner umfasst neben der Analyse der Ist-Situation und der Erarbeitung eines Gesamtkonzepts für die SWI Schweißtechnik GmbH auch die Begleitung des Umsetzungsprozesses.

Vor dem Hintergrund der Umsetzung des Konzepts wurde Folgendes formuliert:

Maßnahme 12:

Organisationsentwicklung und Managementkonzepte

Der Erfolg aller Beteiligten wird im Wesentlichen mit der zukünftigen wirtschaftlichen Entwicklung der SWI Schweißtechnik GmbH zusammenhängen. Wenger und Stamm möchten zudem wissen, ob die Arbeit der Beratungsgesellschaft Hansen & Partner, die Probleme der SWI Schweißtechnik GmbH insbesondere im Bereich von Management und Organisation zu lösen, erfolgreich war.

Von der Beratungsgesellschaft Hansen & Partner wurde vor dem Hintergrund der Erfolgskontrolle folgende Maßnahme formuliert:

Maßnahme 13:

Arbeitsauftrag

Sie sind Mitarbeiter von Hansen & Partner und erhalten den Auftrag als Beratungsgesellschaft für die SWI Schweißtechnik GmbH neue Management- und Organisationsstrukturen zu entwickeln. Stellen Sie Ihre Ergebnisse der Geschäftsführung und den Gesellschaftern auf einer Präsentation in den Räumen der SWI Schweißtechnik GmbH vor:

Bearbeiten Sie folgende Arbeitsaufträge in Ihrer Stamm- bzw. Expertengruppe:

1. Formulieren Sie Maßnahmen aus der Ausgangssituation.
2. Geben Sie als Experten einen detaillierten Überblick über Ihr Managementkonzept. Nutzen Sie Ihr Schulbuch[1], Informationen durch den Lehrer oder machen Sie eine Internetrecherche.
3. Präsentieren Sie Ihre Ergebnisse auf einer Wandzeitung (nutzen Sie PB 9).
4. Gehen Sie in Ihre Stammgruppe zurück. Informieren Sie Ihre Stammgruppe im Stationengespräch mit dem Ergebnis, sodass jedes Gruppenmitglied über das entsprechende Expertenwissen jeder Expertengruppe verfügt.
5. Informieren Sie sich anhand von Praxisbeispielen[2] über die Umsetzung einzelner Managementkonzepte in anderen Unternehmen. Welche Anregungen (Ideen) bieten sie?
6. Erarbeiten Sie in Ihrer Stammgruppe Vorschläge für die Einsatzmöglichkeiten eines neuen Managementkonzepts bei der SWI. Wenden Sie zur Entscheidungsfindung über ein geeignetes Managementkonzept für die SWI-Schweißtechnik GmbH die Nutzwertanalyse an. Übertragen Sie Ihre Kriterien aus der Analyse der Chancen und Risiken zu Beginn der Unterrichtseinheit in das Kriterienraster (nutzen Sie PB 10). Beachten Sie dabei auch die in der Ausgangssituation durch die Managementkonzepte von der Beratungsgesellschaft Hansen & Partner formulierten Handlungsziele. Bewerten Sie die beiden **Konzepte Ihrer** beiden **Mitbewerber** im Hinblick auf eine mögliche Realisierung bei der SWI-Schweißtechnik. Denken Sie daran, die einzelnen Kriterien im Hinblick auf ihre Bedeutung zunächst in Prozent zu gewichten und vergeben Sie im Anschluss daran je nach Übereinstimmung die Punkte.
7. Treffen Sie in Ihrer Stammgruppe eine **begründete** Entscheidung für die Umsetzung (eines) mehrerer Managementkonzepte(s) in der SWI.
8. Welche Konsequenzen ergeben sich bei der Einführung eines neuen Managementkonzeptes für die SWI Schweißtechnik GmbH?
9. Erstellen Sie ein Organigramm, in dem Sie Ihre Vorstellungen einer neuen Führungsstruktur im Unternehmen darlegen.
10. Schreiben Sie einen Artikel für die Betriebszeitung der SWI Schweißtechnik GmbH, in dem Sie die wesentlichen Aspekte des neuen Managementkonzeptes vorstellen.

---

1 z. B. Speth (Hrsg.): Betriebswirtschaft mit Rechnungswesen/Controlling, Band 3, Merkur Verlag Rinteln, ISBN 978-3-8120-0540-1, S. 45 ff.

2 Information durch den Lehrer. IB 9–17

Übersicht Managementsysteme

PB 9

	Qualitätsmanagement (TQM)	Lean Management	Change Management
Verwirklichung durch folgende Maßnahmen:			
Folgende Ziele werden verfolgt:			

Organisationsentwicklung und Managementkonzepte

	Lernende Organisation und Wissensmanagement	Prozessmanagement	Projektmanagement
Verwirklichung durch folgende Maßnahmen:			
Folgende Ziele werden verfolgt:			

IB 9 - IB 17

Nutzwertanalyse (Managementkonzept)

PB 10

Nr.	Kriterium	Gewichtung in %:	Konzept Gruppe I:		Konzept Gruppe II:		Konzept Gruppe III:	
			Punkte:	Gewichtete Bewertung	Punkte:	Gewichtete Bewertung	Punkte:	Gewichtete Bewertung
1	Steht das Wissen einzelner Mitarbeiter dem Unternehmen in Zukunft langfristig zur Verfügung (Wissensmanagement)?							
2	Erfolgt eine Konzentration der Geschäftsleitung auf Führungsaufgaben (Empfehlung Hansen & Partner)?							
3	Werden die Schnittstellenmängel hinsichtlich formeller und informeller Organisation behoben (Wandzeitung: Chancen und Risiken Aufbau- und Ablaufdiagramm)?							
4	Stehen die Kernkompetenzen des Unternehmens auch weiter im Vordergrund (Empfehlung Hansen & Partner)?							
5	Gibt es eindeutig formulierte und klar definierte Unternehmensziele (Wandzeitung: Chancen und Risiken Aufbau- und Ablauforganisation)?							
6	Werden Mitarbeiter über die grundsätzlichen Zielsetzungen und die Strategieausrichtung des Unternehmens informiert (Change Management)?							
7	Wurde die Organisationsstruktur definiert und die Aufgaben in geeigneter Weise auf die Aufgabenträger verteilt (Change Management)?							
8	Führen die neuen Strukturen zu einer Verringerung der fallweise im Unternehmen getroffenen Entscheidungen (Empfehlung Hansen und Partner).							

Nr.	Kriterium	Gewichtung in %:	Konzept Gruppe I:		Konzept Gruppe II:		Konzept Gruppe III:	
			Punkte:	Gewichtete Bewertung	Punkte:	Gewichtete Bewertung	Punkte:	Gewichtete Bewertung
9	Wird der Prozessgedanke in der neuen Struktur berücksichtigt (Prozessmanagement)?							
10								
11								
12								
13								
14								
15								

Die Geschäftsleitung der SWI-Schweißtechnik GmbH entscheidet sich für das Konzept: ____________________!

Zusammenfassung mit Kartenmethoden

PB 11

Arbeitsauftrag

1. Sortieraufgabe: Begriffskarten werden individuell nach „weiß ich" und „weiß ich nicht" geordnet.
2. Strukturlegen: Begriffskarten werden in eine sinnlogische Struktur gelegt.[1]
3. Erklären Sie kurz mit eigenen Worten jeden Begriff.

Autoritärer Führungsstil nach Tannenbaum	
Corporate Identity	
Führung	
Leitung	
Führungsstil	
Operative Entscheidungsebene	
Organigramm	
Unternehmensphilosophie	
Change Management	
Lean Management	
Management	
Managementstrukturen	
Projektmanagement	
Prozessmanagement	
Qualitätsmanagement	
Wertmanagement	
Wissensmanagement	
Neuorganisation	

1 Jede Struktur ist individuell, fachliche Fehler aufgrund falscher Verknüpfung können erkannt und korrigiert werden.

Advanced Organizer:

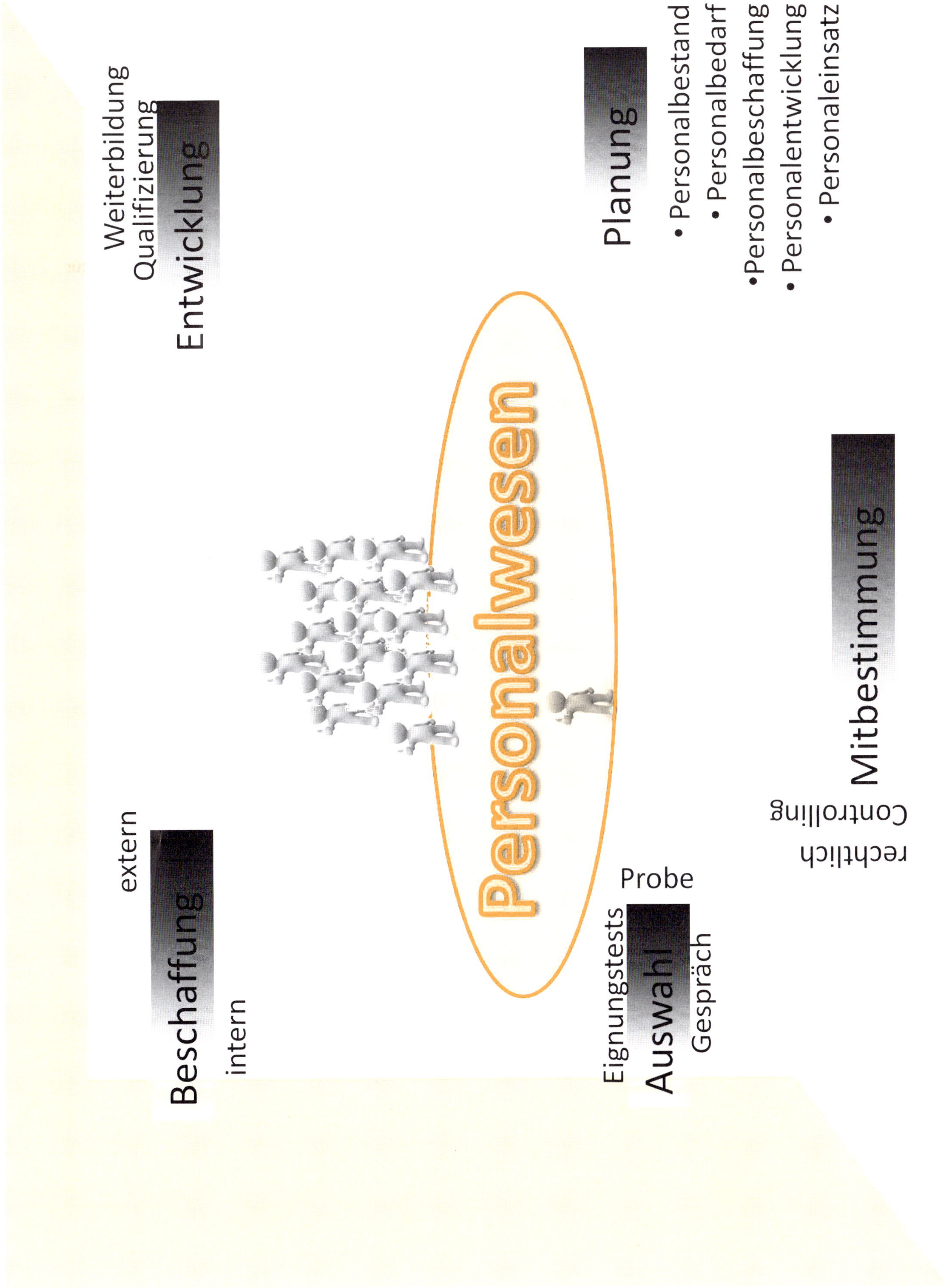

Arbeitspaket 3: Personalentwicklung und Leadership

Personalplanung für die SWI Schweißtechnik GmbH

1. Was wollen wir erreichen? Welches Produkt soll am Ende der Themenbearbeitung stehen?

Personalentscheidung fundiert treffen

2. Was ist zu tun?	von wem?	bis wann?	✓?
2.1 Kaufmännischen Mitarbeiter mit sehr guten EDV-Kenntnissen suchen	*GF, BG, BR*		
2.2 Kaufmännische Leitung besetzen	*GF, BG, BR*		
2.3 Sicherung von Unternehmens-Know-how	*GF, BG, BR*		
2.4 Entlohnungsstrategien	*GF, BG, BR*		
2.5 Prüfung Mitarbeiterbeteiligung	*GF, BG, ggf. BR*		
2.6 Personalentwicklung	*GF, BG, ggf. BR*		
2.7 Personalbeurteilung	*GF, BG, BR*		
2.8 Personalcontrolling	*GF, BG, BR*		

3. Was brauchen wir für unsere Arbeit?

Ausgangssituation

Personalplanung

AB 17

1. Besetzung einer Stelle mit EDV-Kenntnissen

Die Einrichtung eines Onlineshops wurde durch die Beratungsgesellschaft als notwendig angesehen, damit der Vertrieb der aktuellen Entwicklung angepasst wird. Möglichkeiten durch eine bessere Internetpräsenz den Absatz im In- und Ausland zu steigern, setzen einen besseren Internetauftritt voraus.

Folgende Maßnahme wurde formuliert:

Maßnahme 1:

Es wird eine geeignete Person gesucht, die über umfangreiche EDV-Kenntnisse verfügt.

2. Einstellung eines kaufmännischen Leiters

Man ist sich im Unternehmen bewusst, dass keine kaufmännische Führung existiert. Aufgrund der derzeitigen Marktausrichtung und der Finanzierungssituation ist hier jedoch eine kaufmännische Ausrichtung unabdingbar.

Der Vorschlag der Beratungsgesellschaft lautet, dass eine Person mit folgenden Fähigkeiten und Eigenschaften gesucht werden sollte:

- 40 bis 45 Jahre alt
- fundierte kaufmännische Ausbildung mit ausreichender Praxiserfahrung
- technisches Grundverständnis
- Aufgaben: Aufbau Controlling im Projektmanagement, Einkauf, Führung der Bereiche Finanzbuchhaltung, Finanzierung
- Englischkenntnisse
- sehr gute EDV-Kenntnisse

Das Unternehmen ist durchaus bereit, mittelfristige Kompetenzen wie Prokura etc. zuzulassen.

Folgende Maßnahme wurde von der Geschäftsführung in Zusammenarbeit mit Herrn Hansen formuliert:

Maßnahme 2:

Es wird eine geeignete Person gesucht. Hierzu wird seitens der Beratungsgesellschaft eine Anzeige geschaltet, um entsprechende Personen ausfindig zu machen. Die Kandidaten nehmen an einem Assessment Center teil.

Die Untersuchung der Ausgangssituation und die Erkenntnisse des Workshops fördert wichtige Informationen zur wirtschaftlichen Lage des Unternehmens SWI Schweißtechnik GmbH, aber auch seine organisatorischen Defizite zutage. Nach Überprüfung des Betriebsorganigramms wurden unterschiedliche Konzeptionen geprüft um die Unternehmung wettbewerbsfähiger zu machen. Ein zentraler Aspekt stellte dabei auch die Vermarktung ihrer Produkte über ein Internetportal dar. Ein Kunde hatte diese Form des Vertriebs zur Bedingung einer geschäftlichen Zusammenarbeit gemacht.

In der SWI Schweißtechnik GmbH spielt der Einsatz von Computertechnologie bisher eine sehr geringe Rolle, weil das traditionelle Unternehmensleitbild keinen Anlass dazu bot. Aus diesem Grunde werden bisher nur die Geschäftsbuchführung, die Lagerhaltung, die Personalverwaltung, sowie die Erfassung und Bearbeitung von Aufträgen an PCs erledigt. Allerdings gibt es keine Vernetzung der einzelnen

Rechner und keinen Zugriff auf das Internet. Nur die Buchhaltung wickelt den Zahlungsverkehr mit der Hausbank online ab.

Herr Stamm und die anderen Gesellschafter wollen die SWI Schweißtechnik GmbH langsam zu einem leistungsfähigen und innovativen Unternehmen entwickeln, das kundenorientiert und geschäftprozessorientiert arbeitet. Als erstes Ziel hat sich die Geschäftsführung – in Absprache mit Herrn Hansen – die Einrichtung eines Onlineshops gesetzt, damit der Vertrieb der aktuellen Entwicklung angepasst wird und der Ausbau des Auslandsgeschäftes ermöglicht werden kann. Danach soll die Einrichtung eines unternehmensinternen Netzwerkes folgen, damit Auftrags-, Bestands-, Produktions- und Absatzdaten für ein funktionierendes Controlling zur Verfügung stehen. In diesem Zusammenhang wird die Auswahl eines Enterprise Ressource Planning Systems (ERP-System) notwendig, um alle Geschäftsprozesse miteinander zu verknüpfen und zu steuern. Aus diesem Grunde wird bei der Personalabteilung eine Personalanalyse in Auftrag gegeben, die den Kenntnisstand der Mitarbeiter hinsichtlich EDV, ihre EDV-Tätigkeiten und ihre weitergehenden beruflichen Interessen innerhalb des Betriebes erheben soll.

Nach zwei Wochen liegt die Auswertung vor: unter den 61 Mitarbeitern sind 42 Personen mit Informatikgrundkenntnissen, nur 19 Personen haben keine Kenntnisse auf diesem Gebiet. Insgesamt haben von den 42 Mitarbeitern etwa 40 % sogar tiefer gehende Kenntnisse, die über Büroanwendungen hinausgehen. 12 Mitarbeiter der Verwaltung haben bereits mit übergreifend arbeitenden Programmen Erfahrungen (Lexware Financial Office, Sage – KHK Classic Line). Allerdings hat kein Mitarbeiter bisher mit einem ERP-System gearbeitet. Der Arbeitsumfang der Mitarbeiter lässt eine Systembetreuung des neuen Konzeptes nicht zu.

Die Geschäftsführung – vertreten von Herrn Stamm – fasst den Entschluss, eine neue EDV-Abteilung zu gründen, für die sie zu Beginn eine/n Abteilungsleiter bzw. -leiterin mit ERP-Erfahrung und eine/n Sachbearbeiter bzw. -bearbeiterin mit tiefer gehenden EDV-Kenntnissen benötigt.

Arbeitsauftrag

1. Fassen Sie die Ausgangssituation in einer übersichtlichen Form zusammen.
2. Schildern Sie das Vorgehen bei der Analyse des Personalbestandes und des Personalbedarfs (interne und externe Einflussgrößen beachten). (Nutzen Sie dazu Ihr Schulbuch.[1])
3. Fassen Sie die Aufgaben eines Personalinformationssystems (PIS) zusammen und untersuchen Sie kritisch die Möglichkeiten der Datenerfassung und der möglichen Konsequenzen für die Mitarbeiter. Nutzen Sie Ihr eingeführtes Schulbuch bzw. machen Sie eine Internetrecherche.
4. Nach Untersuchung der Beratungsgesellschaft beabsichtigen zwei junge Mitarbeiter (Dipl. Betriebswirte) in den Bereichen Verkauf (Herr Leyer) und Vertrieb (Frau Kollenbach) die SWI Schweißtechnik GmbH zu verlassen, weil sie ihre Ideen nicht umsetzen können. Beide arbeiten seit fünf Jahren bei der SWI Schweißtechnik GmbH und sind durch wiederholte Vorschläge zur Veränderung von Abläufen aufgrund ihres betriebswirtschaftlichen Studiums aufgefallen. Beide genießen das Vertrauen der Geschäftsleitung, die von ihren Kündigungsabsichten sehr überrascht war.

   Machen Sie Vorschläge für das weitere Vorgehen der Geschäftsleitung, um die Unternehmensmodernisierung voranzubringen. Legen Sie sich eine Übersicht mit den wichtigsten Kennzahlen aus der Personalstatistik und Personalplanung an.
5. In der SWI Schweißtechnik GmbH werden monatlich die Personaldaten im computergestützten Personalinformationssystem (PIS) erfasst und entsprechend aufbereitet. Die Daten für die Abteilung „Vertrieb“ für den Berichtsmonat Juni sowie die entsprechenden Vergleichsdaten liegen dem Personalmanagement zur Analyse vor (siehe 5.1).

1 z. B. Speth (Hrsg.): Betriebswirtschaft mit Rechnungswesen/Controlling, Band 3, Merkur Verlag Rinteln, ISBN 978-3-8120-0540-1, S. 104 ff. oder IB 18.

5.1 Analysieren und beurteilen Sie das vorliegende Zahlenmaterial im zeitlichen und betrieblichen Vergleich und stellen Sie auffällige Kennzahlen heraus!

	Juni 20xx		Mai 20xx		Jahresdurchschnitt	
Kennzahlen	Abteilung Vertrieb	Betriebs-durch-schnitt	Abteilung Vertrieb	Betriebs-durch-schnitt	Abteilung Vertrieb	Betriebs-durch-schnitt
Fehlzeiten	13,58	10,32	12,6	10,2	12,4	10,5
Überstunden	5,15	6,3	4,1	3,5	5,4	3,6
Fluktuation	3,6	2,35	3,7	2,4	3,8	2,14
Krankheit	1,95	4,1	3,6	3,9	3,7	4,02
Urlaub	14,3	14,5	10,2	10,2	9,9	10,03
Fortbildung	8,1	5,23	7,2	5,4	7,9	5,02
Auslastung	93,1	94,1	97,6	97,8	97,75	97,8

5.2 Leiten Sie daraus entsprechende personalpolitische Konsequenzen ab und unterbreiten Sie der Geschäftsleitung Ihre Vorschläge!

IB 18

Interne und externe Personalplanung

Ausgangssituation

Interne und externe Personalplanung (Gruppenarbeit)

AB 18

Aufgrund der beabsichtigten Neueinrichtung einer eigenständigen EDV-Abteilung kommt es zu folgendem Gespräch zwischen Herrn Stamm und Herrn Hansen:

Herr Stamm: „Ich möchte mich gerne mit Ihnen über die Besetzung der neu einzurichtenden EDV-Abteilung unterhalten. Es ist ja so, dass die Personalanalyse gezeigt hat, dass der Arbeitsumfang der Mitarbeiter keine Systembetreuung des neuen Konzepts zulässt. Wir müssen uns also schnellstens um Personal kümmern!"

Herr Hansen: „Ja, da haben Sie Recht. Da muss etwas geschehen."

Herr Stamm: „Ich könnte mir Herrn Müller für den Einsatz in der EDV-Abteilung gut vorstellen. Herr Müller kennt sich bestens im Betrieb und im EDV-Bereich aus. Er hat bereits mehrfach aufgetretene EDV-Probleme behoben. Ferner ist er in meinen Augen ein sehr kompetenter, flexibler und verlässlicher Mitarbeiter und stände sofort zur Verfügung."

Herr Hansen: „Ich sehe das genau anders herum! Sie brauchen doch einen Mitarbeiter, der mehrere Jahre Berufserfahrung in einer EDV-Abteilung aufweisen kann. Außerdem würde ein neuer Mitarbeiter für frischen Wind sorgen und bei einer internen Besetzung laufen Sie Gefahr einer gewissen Betriebsblindheit."

Herr Stamm: „Theoretisch mag das so sein. Aber bei Herrn Müller wissen wir, woran wir sind und erleben keine bösen Überraschungen. Zudem ist es für die Mitarbeiter motivierend, wenn sie wissen, dass wir ihnen auch Aufstiegschancen bieten."

Herr Hansen: „Das mag alles so stimmen. Was mache ich aber dann mit der Stelle von Herrn Müller? Des Weiteren fehlt Ihnen noch eine weitere Person für die EDV-Abteilung!"

Personalentwicklung und Leadership

Herr Stamm: „Ich muss darüber noch einmal in Ruhe nachdenken und ein Gespräch mit den anderen Geschäftsinhabern führen. Außerdem hat der Betriebsrat[1] um ein Gespräch gebeten."

Arbeitsauftrag

Gruppe 1:

1. Erarbeiten Sie mögliche **Vorteile** einer **internen** Personalbeschaffung aus dem Text auf der vorherigen Seite.
2. Suchen Sie nach weiteren **Vorteilen** der **internen** Personalbeschaffung.
3. Halten Sie die **Vorteile** stichwortartig auf Karten fest.

Gruppe 2:

1. Erarbeiten Sie mögliche **Nachteile** einer **internen** Personalbeschaffung aus dem Text auf der vorherigen Seite.
2. Suchen Sie nach weiteren **Nachteilen** der **internen** Personalbeschaffung.
3. Halten Sie die **Nachteile** stichwortartig auf Karten fest.

Interne Personalbeschaffung	
Vorteile	**Nachteile**

Gruppe 3:

1. Erarbeiten Sie mögliche **Vorteile** einer **externen** Personalbeschaffung aus dem Text auf der vorherigen Seite.
2. Suchen Sie nach weiteren **Vorteilen** der **externen** Personalbeschaffung.
3. Halten Sie die **Vorteile** stichwortartig auf Karten fest.

Gruppe 4:

1. Erarbeiten Sie mögliche **Nachteile** einer **externen** Personalbeschaffung aus dem Text auf der vorherigen Seite.
2. Suchen Sie nach weiteren **Nachteilen** der **externen** Personalbeschaffung.
3. Halten Sie die **Nachteile** stichwortartig auf Karten fest.

1 Der Betriebsrat kann verlangen, dass Arbeitsplätze vor ihrer Besetzung intern ausgeschrieben werden müssen (vgl. § 93 BetrVG). Das bedeutet jedoch nicht, dass der Arbeitgeber zu einer internen Besetzung verpflichtet ist.

Externe Personalbeschaffung	
Vorteile	**Nachteile**

Gruppe 5:

1. Erarbeiten Sie Möglichkeiten für die **interne** Personalbeschaffung.
2. Erarbeiten Sie Möglichkeiten für die **externe** Personalbeschaffung
3. Halten Sie die Möglichkeiten stichwortartig auf Karten fest.

Interne Personalbeschaffung	Externe Personalbeschaffung
Interne Personalbeschaffung	**Externe Personalbeschaffung**

Für alle Gruppen:

1. Bereiten Sie sich in den jeweiligen Gruppen auf eine kurze Präsentation Ihrer Ergebnisse vor, bei der Sie die Karten bitte an der Pinnwand platzieren. Nutzen Sie Ihr Schulbuch[1] und weitere Informationen für Ihre Ausführungen.
2. Treffen Sie stellvertretend für Herrn Stamm eine begründete Entscheidung für eine interne bzw. externe Besetzung der EDV-Stelle.

1 z. B. Speth (Hrsg.): Betriebswirtschaft mit Rechnungswesen | Controlling, Band 3, Merkur Verlag Rinteln, ISBN 978-3-8120-0540-1, S. 110 ff.

PERSONALENTWICKLUNG UND LEADERSHIP

Personalauswahl – Stellenbeschreibung

Ausgangssituation

AB 19

Die Bewerbung

Nachdem Herr Stamm in Rücksprache mit Herrn Hansen die EDV-Stelle mit Herrn Müller besetzt hat, ist dadurch jetzt die Stelle eines Sachbearbeiters/einer Sachbearbeiterin für den Verkauf – Kundenbetreuung (siehe IB 23 – Stellenbeschreibung) in der SWI neu zu besetzen. Dazu soll in der Ems-Zeitung und der Nordwest-Zeitung eine Anzeige aufgegeben werden.

Da Herr Stamm im Augenblick sehr beschäftigt ist, übernimmt Herr Wenger alle anfallenden Aufgaben.

Übernehmen Sie die Position von Herrn Wenger!

Arbeitsauftrag

1. Bilden Sie 5 Gruppen und erstellen Sie mithilfe des Internets[1] Bewertungskriterien für eine erfolgreiche Bewerbung. Präsentieren Sie Ihre Ergebnisse.
2. Entwerfen Sie eine mögliche Stellenanzeige, die in der Ems-Zeitung und in der Nordwest-Zeitung erscheinen soll. Nutzen Sie dazu IB 24, IB 25 und das PB 12.

Übersicht der Materialien		
Gruppe 1	IB 19	Das Bewerbungsfoto
Gruppe 2	IB 20	Checkliste Lebenslauf
Gruppe 3	IB 21	Das Anschreiben
Gruppe 4	IB 22	Das Bewertungspaket
Gruppe 5	IB 23	Das Arbeitszeugnis

IB 19 - IB 23

1 oder anhand der Informationsblätter 19–23

Stellenauswahl – Stellenbeschreibung

IB 24

SWI Schweißtechnik GmbH

Stellenbeschreibung der Stelle „Sachbearbeitung Kundenbetreuung"

Ihre Aufgaben[1]:

- Aufbau und Pflege einer guten Kundenbeziehung.
- Sie sind für eine erstklassige Kundenbetreuung für externe Kunden verantwortlich sowie den Verkauf durch hohe Selbstmotivation und zwischenmenschliches Geschick.
- Auftragsannahme und akkurate Bearbeitung (Preis, Menge etc.) in Zusammenarbeit mit der beteiligten Produktionsstätte.
- Weiterleitung von Prognosen und Marktanalysen, die für die Planung und das Lager relevant sind.
- Sicherstellung, dass spezielle Kundenanforderungen wie z.B. Etikettierung, Verpackung, Lagervereinbarungen etc. bekannt sind und dass diese in SAP eingegeben werden.
- Verwaltung des lokalen Lagerbestands der Hauptkunden.
- Beantwortung allgemeiner Kundenfragen, z.. Preisfindung, Lieferzeit an den Anlagen, Analysenzertifikate.
- Zusammenarbeit mit dem Verkaufsagenten zur Sicherstellung effizienter Auslieferungen.
- Lösung von übergreifenden Problemen gemeinsam mit Marketing & Sales, ggf. auch Kundenbesuche.

Ihr Profil:

- Sie verfügen über eine erfolgreich abgeschlossene kaufmännische Ausbildung, vorzugsweise als Industriekaufmann/-frau oder im Groß- und Außenhandel.
- Sie besitzen fließende Deutsch- und Englischkenntnisse (in Wort und Schrift), weitere Fremdsprachen wie niederländisch sind wünschenswert!
- Mindestens 1 – 2 Jahre Erfahrung in der Kundenbetreuung.
- Erfahrung bei der Ausarbeitung von anspruchsvollen Richtlinien und Abläufen.
- Sie sind routiniert im Umgang mit SAP sowie den MS-Office-Anwendungen.
- Erfahrung im globalen / internationalen Geschäft ist wünschenswert sowie in der Arbeit mit mehreren Standorten ist von Vorteil
- Fähigkeit, sich schnell auf neue Situationen einzustellen.
- Erfolgreiche Tätigkeit in serviceorientierten Unternehmen.

SWI Schweißtechnik GmbH
Industriestraße 8
26871 Papenburg

SWI

1 Vgl. Stellenbeschreibung von DIS AG • Office & Management •.

10 Korte - ISBN 978-3-8120-1029-0

IB 25

Personalbeschaffung

Stellenangebote aufgeben

Wir sind ...

Hier sagt das Unternehmen etwas über sich als Gesamtgebilde aus. Das könnten sein:

- Firmenphilosophie,
- Geschichte,
- Marktstellung,
- Firmenziele,
- künftige Entwicklung,
- ...

Es gilt zu prüfen, ob der Bewerber in seinem Gesamtbild zum allgemeinen Auftreten des Unternehmens passt – hier treffen folglich zwei „Charaktere" aufeinander.

Wir haben ...

Dies ist die eigentliche Stellen- oder Aufgabenbeschreibung mit Informationen über:

- Aufgabengebiet/Zuständigkeit,
- Tätigkeiten,
- Arbeits- und Hilfsmittel,
- Verantwortungsbereich,
- Stellung in der Hierarchie,
- ...

Dieser Teil der Stellenanzeige gibt Antwort auf die Frage, was hat der Bewerber genau und womit zu tun.

Wir suchen ...

An dieser Stelle schildert das Unternehmen seine Anforderungen an den Bewerber. Es werden oft Aussagen getrofen zu:

- Ausbildung und Berufserfahrung,
- fachliche Kenntnisse,
- soziale Kompetenzen/Verhaltens- und Charaktereigenschaften,
- motivale Faktoren,
- Mobilität und Flexibilität (zeitlich, regional und aufgabenbezogen),
- ...

Hier muss der Bewerber darüber informiert werden, ob er die anfallenden Aufgaben nicht nur erledigen kann, sondern dabei auch einen gewissen Grad an Arbeitszufriedenheit verspüren könnte.

Wir bieten ...

Dies ist die eigentliche Stellen- oder Aufgabenbeschreibung mit Informationen über:

- Lohn und finanzielles Anreizsystem,
- Statussymbole (z. B. Dienstwagen),
- Aufstiegs- und Weiterbildungsmöglichkeiten,
- Führungsstil und Arbeitsklima,
- Modernität des Produktionsprozesses und der Arbeitsmittel,
- weitere nichtmonetäre Anreize (z. B. Arbeitszeit, -bedingungen).

Reichen monetäre und nichtmonetäre Anreize aus, um die materielle Zufriedenheit und die aktive Einbringung des Bewerbers in den Betrieb zu erreichen?

Wir bitten um ...

Letztendlich sagt eine Stellenanzeige auch etwas über die Bewertungsmodalitäten aus:

- Ansprechpartner,
- Bewerbungsfrist,
- Bewerbungsweg (schriftlich, elektronisch),
- Auswahlverfahren (z. B. Internettest),
- erforderliche Unterlagen,
- weitere Informationsquellen.

Die dargestellen Punkte können aus den meisten Stellenangeboten herausgearbeitet werden. Eine Herausarbeitung, z. B. in tabellarischer Form, empfiehlt sich, um Stellen- und Bewerberprofil abgleichen zu können und geeignete Strategien erarbeiten zu können.

Quelle: Christian Scheller, Materialien zum Fach „Personalwesen" an der Berufsakadamie Mannheim, www.talentmarketing.de.

Stellenanzeige in der Ems-Zeitung und der Nordwest-Zeitung

PB 12

Bitte senden Sie Ihre vollständigen Bewerbungsunterlagen an die

SWI Schweißtechnik GmbH
Herrn Stamm / Herrn Wenger
Industriestraße 8
26871 Papenburg

Personalentwicklung und Leadership

Personalauswahl

Ausgangssituation

Das Vorstellungsgespräch

AB 20

Nachdem die schriftlichen Bewerbungen eingegangen und ausgewertet wurden, werden die in die engere Wahl gelangten Bewerber und Bewerberinnen zu einem Vorstellungsgespräch eingeladen.

Nach der Vorauswahl kommen folgende Bewerber in die engere Wahl:

Name:	Johannes Baumann	Veronika Sievers	Mareike de Keyser
Wohnort:	Bielefeld	Sögel	Venlo, NL
Geburtstag:	08.08.1957	19.11.1983	18.10.1974
Familienstand:	verheiratet	verheiratet, 2 Kinder	ledig
Schulausbildung:	Fachhochschulreife	Realschulabschluss Erw. Sek I und Berufsfachschule für Realschulabsolventen	Sekundarabschluss I
Ausbildung / Beruf:	Groß- und Außenhandelskaufmann und danach Versicherungskaufmann	Industriekauffrau	Groß- und Außenhandelsabschluss
Berufserfahrungen:	➢ Auslandstätigkeiten in Südamerika ➢ in den letzten 5 Jahren in der Versicherungsbranche tätig	➢ 5 Jahre im Handwerksbetrieb alle anfallenden Tätigkeiten, von Lagerverwaltung über Ein- und Verkauf sowie Kundenbetreuung	➢ mehrere Jahre Erfahrungen im internationalen Geschäft ➢ in der Kundenbetreuung ➢ im Marketing
Kenntnisse:	➢ Kenntnisse in der Kundenbetreuung ➢ Sachbearbeitung Lagerverwaltung ➢ Englisch- und Spanischkenntnisse in Wort und Schrift ➢ Kenntnisse in Excel, Word 2000, Power Point	➢ Sachbearbeitung im Einkauf und Verkauf ➢ Sachbearbeitung in mehreren kaufmännischen Abteilungen ➢ Kenntnisse in Word 2000, Excel, Grundkenntnisse SAP	➢ Tätigkeit im Einkauf ➢ Verkäuferin ➢ Sprachkenntnisse in Niederländisch, Deutsch und Englisch ➢ Kenntnisse in Excel, Word, Power Point, sicher im Umgang mit SAP
Sonstiges	➢ kein Führerschein ➢ 1 Jahr im Lebenslauf fehlt ➢ hohe Gehaltsforderungen	➢ mehrere Jahre Elternzeit in Anspruch genommen	➢ sucht Tätigkeit im Emsland aufgrund privater Lebensumstände (zukünftiger Ehemann kommt aus dem Emsland) ➢ hohe Gehaltsforderungen

Arbeitsauftrag

Herr Stamm bittet Sie, das Vorstellungsgespräch vorzubereiten.

1. Welche Fragen soll Herr Stamm den einzelnen Bewerbern bei einem Vorstellungsgespräch stellen?
   Erstellen Sie dazu einen Fragenkatalog für jeden Bewerber.
2. Treffen Sie eine begründete Entscheidung für die Besetzung der Sachbearbeiter-Stelle.

Personalauswahl

Ausgangssituation

Assessment-Center

AB 21

Für die Besetzung des neuen kaufmännischen Leiters will Herr Hansen bei der Auswahl auf ein externes Assessment-Center zurückgreifen. Da dieses Auswahlverfahren recht aufwendig und teuer ist, muss die Geschäftsleitung von der Notwendigkeit überzeugt werden. Dazu verteilt er einen Artikel aus der Zeitschrift „Personal Magazin".

Ring frei – Augen auf und durch:

Assessment-Center sind bei vielen Unternehmen ein beliebtes Mittel der Personalauswahl. Zum Glück kann man sich vorbereiten.

Mit dem englischen Verb „to assess" waren schon immer eher die unangenehmen Dinge des Lebens verbunden: „to assess" bedeutet so viel wie „abschätzen" oder „einschätzen" und ursprünglich ging es dabei um die Steuerkraft eines Bürgers; heute wollen Unternehmen im „Assessment-Center" das Leistungspotenzial, das in jungen Absolventen schlummert, herauskitzeln. Lebenslauf und Anschreiben haben den Personalern klargemacht, dass die Kandidaten fit sind. Rein fachlich gesehen. Aber kann der super ehrgeizige und erfolgsverwöhnte BWLer auch anderen zuhören? Und hat die frisch promovierte Ingenieurin das Zeug, Kompromisse auszuhandeln, wenn die Interessen der Forschungsabteilung und des Vertriebs aufeinanderprallen? Das wollen Unternehmen möglichst vor der Einstellung wissen. Im Assessment-Center werden deshalb Situationen simuliert, die vier – für den Beruf extrem wichtige – Fähigkeiten ans Licht bringen sollen:

Kommunikation und Integration: Kann der Bewerber anderen zuhören? Fragt er nach, geht er auf andere zu, gibt er Informationen weiter, die wichtig sind, und ist er in der Lage, unterschiedliche Interessen zusammenführen? Wie sachlich bleibt jemand, wenn ein Konflikt eskaliert. Provoziert er, oder wird er aggressiv?

Denken, planen, handeln: Wie aufgeräumt ist das Gehirn des Bewerbers? Kann er/sie komplexe Sachverhalte aufdröseln, neue Informationen schnell verarbeiten und daraus eine Strategie entwerfen, um ein bestimmtes Problem zu lösen. Kann er/sie diese Strategie auch in Handlungsschritte umsetzen? Und wenn's losgeht mit der Umsetzung: Behält der Kandidat den Überblick? Arbeitet er effizient, und ist er fähig, Entscheidungen zu treffen?

Darstellen: Was nützt die beste Idee, wenn sie nicht wirkungsvoll präsentiert wird und so andere begeistern oder zumindest überzeugen kann? Die Unternehmen wollen im Assessment-Center erfahren: Wie klar und lebendig argumentiert jemand, kann er mit modernen Präsentationstechniken umgehen?

Engagement: Jedes Unternehmen wünscht sich Leute mit einer eigenen Meinung. Leute, die eine Haltung haben, nicht beim ersten Gegenargument einknicken, die Konflikten nicht aus dem Weg gehen (ohne cholerisch zu werden), die andere begeistern und geschickt verhandeln. Die Übungen bzw. Simulationen, mit denen das Potenzial der Bewerber herausgekitzelt werden soll, sind im Grunde immer die gleichen: In der Gruppendiskussion sollen sich die Bewerber über ein allgemeines Thema aus Politik, Wirtschaft oder Gesellschaft streiten. Manchmal muss sich die Gruppe auch das Thema selbst wählen, oder die Diskussion soll zu einem Ziel kommen. Weil die Zeit begrenzt ist (zwischen 15 und 45 Minuten) und sich jeder von seiner Schokoladenseite präsentieren will, entsteht selbstverständlich Stress. Variante: Ein bestimmtes Szenario (zumeist ein komplexes betriebswirtschaftliches Problem) wird vorgegeben. Die Kandidaten müssen eine Lösung erarbeiten, manchmal erhalten sie auch Rollen (Marketing, Vertrieb, Controlling usw.) und Regieanweisungen. Auf solche Fallbeispiele sollten sich gerade Natur- und Geisteswissenschaftler vorbereiten.

Personalentwicklung und Leadership

Wichtig: Weder stumm zugucken noch die Plaudertasche geben; sich nicht vom Stress anstecken lassen. Lieber wenige, aber dafür qualifizierte Beiträge.

Im Rollenspiel werden Jobsituationen simuliert, ein Verkaufsgespräch zum Beispiel oder das Gespräch zwischen Vorgesetztem und Mitarbeiter (Thema: Kritik, Mobbing, Kündigung – meist etwas Unangenehmes). Der Bewerber hat oft die Rolle des Vorgesetzten. Es geht um seine Fähigkeit, zu kommunizieren. Wichtig ist erstens, aktiv zuzuhören, zweitens, eindeutige und konkrete Aussagen zu machen (nicht: So geht das mit Ihnen aber nicht weiter, sondern: Sie haben Ihren Zeitplan um drei Wochen überzogen, damit bin ich nicht zufrieden). Und drittens: Motive und Ziele zu begründen (ich möchte, dass wir beim nächsten Projekt pünktlich liefern).

In der **Postkorbübung** werden die Bewerber unter extremen Zeitdruck gesetzt. In Windeseile soll eine Flut von Informationen verarbeitet und mit Prioritäten belegt werden („sofort selbst erledigen, delegieren, hat Zeit, Mülleimer“). Diese Übung kommt im Assessment-Center eher selten vor. **Präsentationen** dagegen immer: Man hält nach kurzer Vorbereitungszeit einen Vortrag zu einem allgemeinen Thema oder präsentiert das Ergebnis einer Fallstudie. Mündlich oder mit Unterstützung von Beamer und Flipchart. Im Interview sitzen einem in der Regel zwei Vertreter des Unternehmens gegenüber. Oft ist eine Kurzpräsentation gefordert, es geht um den Lebenslauf ..., um Berufsziele, Karrierevorstellungen usw. Hinzu kommen häufig Feedbacks aus den AC-Übungen.

Was in keinem Assessment-Center fehlt sind **Tests.** Auf dem Prüfstand stehen Intelligenz, Persönlichkeit und das logische Denken der Bewerber. Ein Beispiel gefällig? Wenn „wükolam“ „Ich koche Fisch“ und „wülolot“ „Ich esse Brot“ heißt, dann muss „wü“ wohl „ich“ heißen. Wer jetzt nur Bahnhof versteht, kennt GUPILO nicht. Diese Kunstsprache wird in manchen schriftlichen Bewerbertests angewandt. Wie bei allen anderen Logiktests gilt auch hier: Nicht irritieren lassen, sondern in aller Ruhe versuchen, die Nuss zu knacken. Die Aussagekraft von Tests ist in vielen Unternehmen umstritten. Statt pseudo-psychologischer Verfahren setzen die Unternehmen mittlerweile meist Logik- oder Intelligenztests ein. Sie sollen Rechenleistungen, Merkfähigkeit, räumliches Vorstellungsvermögen und Konzentrationsfähigkeit prüfen. Bewerber müssen unter Zeitdruck zum Beispiel in einem Text 40 Druckfehler finden oder aus einem Buchstabensalat alle Ms und Ns herausfinden. Oft soll man das System erkennen, das hinter bestimmten Sprachsystemen wie der GUPILO-Sprache, Figuren- oder Zahlenabfolgen steckt. Auch das Lösen von Rechenaufgaben oder die Interpretation komplizierter Tabellen, Grafiken und Diagramme wird verlangt. An die Aufgabenstellung bei Logik- und Intelligenztests kann man sich mit einem „Testknacker“ schon mal vorab gewöhnen.

Problematischer sind die verschiedenen **Persönlichkeitstests:** Hierbei müssen zum Beispiel Fragen nach Eigenschaften und Vorlieben beantwortet, Sätze ergänzt oder Bilder interpretiert werden. Gern sind sogenannte Lügenfallen dabei: Bewerber, die Fragen wie „Waren Sie schon mal unpünktlich?“ oder „Haben Sie mal geflunkert?“ mit „Nein“ beantworten, sind nicht glaubwürdig. Einige Testknacker raten Bewerbern, sich generell zu verstellen und möglichst neutrale, unverfängliche Antworten zu geben. Heinz Schuler, Testpsychologe an der Uni Hohenheim, hält das für falsch: „Ein guter Testknacker hilft einem dabei, sich selbst besser kennenzulernen und sich dann individuell mit seinen Stärken und Schwächen im Unternehmen zu präsentieren.“

Sich als Persönlichkeit zu präsentieren, das gilt auch für das gesamte Auftreten im Assessment-Center: Passen Sie sich den vermeintlichen Erwartungen der Chefs nicht zu sehr an. Wer nur daran denkt, wie er „sozial erwünscht“ rüberkommt oder aufgrund des starken Konkurrenzdrucks „gegen“ die anderen kämpft, statt seine Leistung zu präsentieren, hat schlechte Karten: Susanne Niethe'n, Director of Recruiting bei McKinsey, warnt: „Die Gefahr bei Assessment-Centern ist groß, dass man sich auf Kosten anderer profiliert. Bei uns kommt es auf das reine Leistungsprinzip an.“ McKinsey verzichtet deshalb sogar auf Assessment-Center und führt stattdessen einen Tag lang Einzelgespräche mit den Bewerbern, intern auch „Marathon“ genannt.

Die meisten Unternehmen setzten aber nach wie vor bei der Personalauswahl auf ein- oder zweitägige Assessment-Center, wenn also die Einladung von der Allianz, von BMW, Mercedes Benz, Tengelmann, Tchibo, Unilever, Volkswagen oder sonst einem Unternehmen kommt: Verstellen Sie sich nicht, verzichten Sie auf taktische Spielchen und zeigen Sie, was Sie können.

Quelle: Vgl. Text: D. Schneyink, Personal-Magazin.

Arbeitsauftrag

Am 25. 11. 20xx findet eine Sitzung mit allen Gesellschaftern und mit Herrn Hansen statt. Die Sitzung beinhaltet folgende Tagesordnungspunkte:

TOP 1: Aktuelle Situation des Unternehmens (Bericht K. Stamm)

TOP 2:
- Aktueller Stand der Strategieumsetzung
- Einstellung eines kaufmännischen Leiters – unter Einbeziehung eines Assessment-Centers

TOP 3: Mitarbeitermotivation

Herr Stamm bittet Sie zuerst, für diese Sitzung den **TOP 2** vorzubereiten.

- Erstellen Sie ein Handout.
- Gehen Sie dabei auf die Vorgehensweise, auf die Vorteile und Grenzen eines Assessment-Centers ein.
- Kann die SWI Schweißtechnik GmbH den geeigneten Bewerber für die Leiterposition durch ein **Assessment-Center** finden?
- Diskutieren Sie in Ihren Gruppen die Vorteile und Grenzen eines ACs bei der Bewerberauswahl.
- Treffen Sie eine begründete Entscheidung für die weitere Vorgehensweise.

Zu TOP 3: Mitarbeitermotivation

Die Ergebnisse der anonymen Befragung zur Mitarbeiterzufriedenheit zeigten, dass viele Mitarbeiter Ängste am Arbeitsplatz, Motivationsprobleme, mangelndes Mitspracherecht und ablehnende Haltung gegenüber neuen Ideen von Mitarbeitern nannten. Deshalb möchte Herr Stamm auch auf der Sitzung über die **Notwendigkeit und über Möglichkeiten** der Mitarbeitermotivation sprechen. In diesem Zusammenhang wird Herr Hansen auf folgende Punkte eingehen:

1. **Entlohnungsstrategie**

2. **Motivationsanreizsysteme**
   - Materielle Anreize
   - Organisatorische Anreize
   - Arbeitssystem Anreize (Job-Rotation, Job Enlargement, Job Enrichment)[1]
   - Formen der flexiblen Arbeitsgestaltung (Arbeitszeitkonten, Job Sharing, bedarfsbedingte Arbeitszeit)
   - Soziale Anreize
   - u. a.

3. **Mitarbeiterbindung an das Unternehmen**
   - Gestaltungs- und Entscheidungsspielräume
   - Ganzheitlichkeit der Aufgabenstellung
   - Äußerliche Faktoren, wie Arbeitskleidung mit eingenähtem Firmenlogo oder die neue SWI-eigene Farbe
   - Persönliche Bindung zwischen den Mitarbeitern und der Geschäftsführungsebene
   - Bedeutung von Fort- und Weiterbildungsmaßnahmen
   - Karriereplanung

Von Herrn Stamm hat Herr Hansen im Vorfeld erfahren, dass in der Geschäftsleitung bzw. bei den Gesellschaftern kein Handlungsbedarf hinsichtlich der Mitarbeitermotivation gesehen wird.

1 Siehe AB 22 Personalentwicklung.

Arbeitsauftrag

1. Unterstützen Sie ihn dabei und erarbeiten Sie eine Tischvorlage, die sowohl die Veränderungen in der Führung aufnimmt als auch zur Motivationssteigerung der Mitarbeiter beiträgt.
2. Zeigen Sie dabei nicht nur die Vorteile der Mitarbeiter, sondern auch die Vorteile für die Geschäftsführung auf.

Personalauswahl

Ausgangssituation

Personalentwicklung

AB 22

Herr Hansen sieht hinsichtlich der Veränderung der Organisation des Unternehmens nicht nur die Führungsebene als Aufgabenbereich, sondern vor allem die einzelnen Mitarbeiter, die in ihrer Motivation gestärkt werden müssen, um im Unternehmen der SWI Schweißtechnik GmbH strukturelle Veränderungen voranzutreiben. Die Notwendigkeit wurde aus Gesprächen mit Mitarbeitern des Unternehmens deutlich.

Da ist zum Beispiel Bernd Meyer, 42 Jahre alt, Sachbearbeiter im Einkauf und seit zehn Jahren im Unternehmen tätig. Herr Meyer erledigt seine Aufgaben tadellos und ist jederzeit zu Überstunden und Mehrarbeit (Arbeiten aus seinem Tätigkeitsbereich) bereit. Er hat vor vier Jahren den Abteilungsleiter für ein dreiviertel Jahr vertreten, dieser war krankheitsbedingt ausgefallen. Herr Meyer war aber nach eigenen Angaben damit bis an seine Grenzen belastet und heilfroh, als die Zeit vorüber war.

Oder Herr Markus Hermes, 30 Jahre alt, studierter Betriebswirt (Berufsakademie) mit Auszeichnung und zurzeit mit Sachbearbeiteraufgaben im Personalwesen beschäftigt. Herr Hermes ist ein sehr engagierter Mitarbeiter, stets zu Mehrarbeit bereit und bringt sich häufig mit guten Ideen und Vorschlägen ein, die nicht zu seiner jetzigen Aufgabe gehören. Im Gespräch klagte er über sein derzeitiges Betätigungsfeld *(„für Sachbearbeiteraufgaben hätte ich nicht studieren müssen!“)*.

Darüber hinaus macht sich Herr Hansen mit Blick auf den Fachkräftemangel Gedanken über die zukünftige Entwicklung des Mitarbeiterstammes. Das Unternehmen hat in den letzten Jahren versäumt, selbst auszubilden und zusätzlich ist das derzeitige Angebot durch die geburtenschwachen Jahrgänge gering. Außerdem wandern viele qualifizierte junge Menschen in Ballungsgebiete mit einer attraktiveren Infrastruktur ab, um dort einen Arbeitsplatz zu finden.

Auf der nächsten Sitzung mit der Geschäftsleitung der SWI Schweißtechnik GmbH und dem neuen kaufmännischen Leiter Herrn Müsing will er sein Anliegen vorbringen. Damit sich die beteiligten Personen schon im Vorfeld mit der Thematik auseinandersetzen können, plant Herr Hansen ein Handout vor der Sitzung zu verteilen.

Im Zusammenhang mit Personalentwicklung müssen Entscheidungen getroffen werden, welche Mitarbeiter in welchem Umfang „gefördert“ werden. Dazu wird häufig mit einem Mitarbeiter-Portfolio gearbeitet. Dieses ist ähnlich der sogenannten Portfoliomatrix aufgebaut. Herr Hansen möchte anhand des Mitarbeiter-Portfolios diese Problematik aufzeigen.

Mitarbeiter-Portfolio

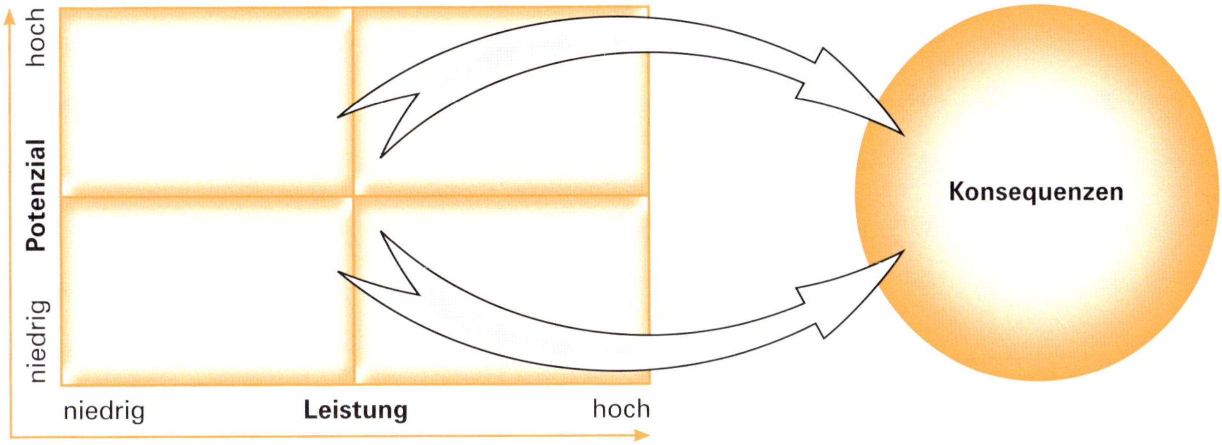

Arbeitsauftrag

1. Unterstützen Sie Herrn Hansen bei seinem Vorhaben. Untersuchen Sie zunächst, was unter dem Begriff Personalentwicklung zu verstehen ist, gehen Sie anschließend auf mögliche Ziele einer Personalentwicklung aus Sicht des Betriebes SWI Schweißtechnik GmbH und aus Sicht des einzelnen Mitarbeiters ein. (PB 13)
2. Informieren Sie sich über geeignete Maßnahmen zur Personalentwicklung. Gehen Sie dabei auf die Begriffe Ausbildung, Fortbildung, Job-Rotation, Job-Enlargement, Job-Enrichment ein. Nutzen Sie dazu die vorstrukturierte Tischvorlage. (PB 13)
3. Besprechen Sie in Partnerarbeit die Portfolio-Matrix mithilfe Ihres Wissens über eine solche Matrix aus dem Marketingbereich. Beschreiben Sie in Stichworten, wie diese Matrix im Personalbereich benutzt werden kann. Platzieren Sie die beiden Mitarbeiter Hermes und Meyer in der Matrix und machen Sie begründete Vorschläge bezüglich individueller Personalentwicklung bei beiden Mitarbeitern.

11 Korte - ISBN 978-3-8120-1029-0

Tischvorlage: Personalentwicklung

PB 13

Hansen & Partner
WIRTSCHAFTSBERATUNGSGESELLSCHAFT

Anlass: Aufbau einer systematischen Personalentwicklung

Tagesordnungspunkt 1: Papenburg, den 10. 09. 20xx

Mitarbeitermotivation

Begriff PERSONALENTWICKLUNG:

____

____

____

____

____

____

____

Ziele der Personalentwicklung	
aus der Sicht des Betriebes	**aus der Sicht des Mitarbeiters**

Maßnahmen zur Personalentwicklung

Auswahl von Maßnahmen	Erläuterungen
Ausbildung	
Fortbildung	
Job-Enlargement	
Job-Enrichment	
Job-Rotation	
Personalförderung	
Mitarbeiterbeteiligung[1]	

1 Siehe auch Arbeitsblatt 31.

Ausgangssituation

Personalbeurteilung

AB 23

Während einer Sitzung:

Herr Stamm: „Nach Auswertung des Mitarbeiter-Portfolios sind jetzt wohl doch Gespräche mit den Herren Meyer und Hermes fällig!"

Herr Hansen: „Da haben Sie wohl Recht."

Herr Stamm: „Wenn ich mit Bernd Meyer und Markus Hermes über ihre berufliche Zukunft spreche, dann kommen sicherlich auch noch andere Mitarbeiter, die darüber ebenfalls sprechen wollen. Muss ich denn jetzt mit jedem Mitarbeiter ein Mitarbeitergespräch führen? Wie soll ich mich denn dann noch auf meine eigentlichen Tätigkeiten konzentrieren?"

Herr Hansen: „Nicht so eilig! Gespräche führen im Allgemeinen und mit Mitarbeitern im Besonderen sind grundsätzlich nicht ganz einfach. Da kann schnell etwas falsch verstanden werden. Denken Sie bitte daran, dass wir durch die Auswertung der Mitarbeiterbefragung[1] hochsensible Informationen gewinnen konnten. Ich empfehle, da sehr vorsichtig und vor allem systematisch vorzugehen, z. B. müssen Sie zuerst klären, zu welchem Anlass Sie Gespräche führen sollten. Bei den Herren Meyer und Hermes sind sicherlich Potenzial-Entwicklung und Zielvereinbarung Gegenstand des Gesprächs. Auch könnten in anderen Fällen über hohe Fehlzeiten, also Konfliktgespräche oder Rückkehr ins Unternehmen nach Beendigung des Erziehungsurlaubes für Eltern zum Anlass genommen werden.

Grundsätzlich können Sie aber auch Beurteilungsgespräche regelmäßig führen bzw. von Ihren Abteilungsleitern führen lassen. Dadurch werden Sie selbst entlastet und es besteht die Möglichkeit, z. B. die Probleme von Mitarbeitern, wie z. B. die der Herren Meyer und Hermes, schon früher zu erkennen, um dann entsprechende Maßnahmen ergreifen zu können."

Herr Stamm: „Gut, dass wir jetzt gerade darüber reden, denn seit einigen Wochen ist unsere Mitarbeiterin Ann-Christin Janssen nach ihrer dreijährigen Elternzeit wieder zurück an ihrem Arbeitsplatz. Die Anforderungen haben sich zwischenzeitlich natürlich sehr verändert und in den drei Jahren wurde ihr Arbeitsplatz durch einen anderen Mitarbeiter besetzt. Auch mit Tim Schmidt, der vor einigen Wochen nach seiner Ausbildung hier übernommen wurde, müssen Gespräche geführt werden. Da scheint es auch Probleme zu geben. Und ich müsste auch mal mit Herrn ..."

Herr Hansen: „Na ja, da sehe ich noch einen ziemlichen Handlungs- und Klärungsbedarf. Wir müssen uns zuerst ganz allgemein und dann für Ihr Unternehmen im Besonderen mit dem Thema Mitarbeitergespräche und mit Beurteilungsgesprächen beschäftigen. Sie bekommen von mir eine Zusammenfassung der wesentlichen Punkte."

1 Vgl. AB 17.

PERSONALENTWICKLUNG UND LEADERSHIP

Arbeitsauftrag

1. Übernehmen Sie die Rolle von Herrn Hansen. Bereiten Sie ein Handout vor, indem Sie die wesentlichen Inhalte in einer übersichtlichen Form zusammenstellen. Nutzen Sie das PB 14, Ihr Schulbuch[1], die Informationsblätter 26–29 über Ihren Lehrer und machen Sie zusätzlich eine Internetrecherche.

   Mögliche Inhalte:
   - Definition von Mitarbeiter-, Beurteilungs- und Leistungsstandards- und Zielvereinbarungsgesprächen[2] und Inhalten
   - Hintergründe von Zielvereinbarungsgesprächen
   - Instrumente der Zielvereinbarung
   - Beteiligung des Betriebsrates
   - Zielvereinbarungsprozess
   - Einführung eines Personalbeurteilungssystems
   - Mitbestimmung des Betriebsrates bei Leistungsvergütung

2. Bilden Sie zwei Gruppen
   - **Gruppe I:** Bereiten Sie das Beurteilungsgespräch mit Frau Janssen vor. Nutzen Sie IB 26 und IB 28.
   - **Gruppe II:** Bereiten Sie das Beurteilungsgespräch mit Herrn Hermes vor. Nutzen Sie IB 27 und IB 28.

   Vorgehensweise:
   - Machen Sie sich zuerst mit der Situation vertraut. (IB 29)
   - Versuchen Sie sich in die Rolle hineinzuversetzen.
   - Klären Sie Fragen, z. B.:
     Wie ist die Situation?
     Welche Probleme haben Sie zur Zeit?
     Wie könnten Sie Ihre Probleme lösen?
     Was können Sie bzw. Ihr Vorgesetzter/Ihre Kollegen verändern?

3. Führen Sie das Beurteilungsgespräch durch. Schüler, die nicht am Rollenspiel teilnehmen, nutzen den Beurteilungsbogen (PB 15) und geben den Akteuren anhand der Kriterien ein qualifiziertes Feedback.[3]

IB 26 - IB 29

1 z. B. Speth (Hrsg.): Betriebswirtschaft mit Rechnungswesen/Controlling, Band 3, Merkur Verlag Rinteln, ISBN 978-3-8120-0540-1, S. 134 ff.
2 Rump, J.: Skript Personalwirtschaft, S. 85, zitiert nach Becker, M. und Mentze, W., a. a. O., siehe Lösungsheft.
3 Zusatzinformation: Feedback-Regeln.

Handout Hansen & Partner

PB 14

+WIRTSCHAFTSBERATUNGSGESELLSCHAFT

Anlass: Aufbau eines Personalbeurteilungssystems Papenburg, den 13. 10. 20xx

1. Definition und Inhalt von Personalbeurteilung

2. Hintergründe von Zielvereinbarungssystemen

3. Instrumente der Zielvereinbarungen

4. Erreichen der vereinbarten Ziele und Vergütung sowie Beteiligung des Betriebsrates

5. Zielvereinbarungsprozess

6. Einführung eines Personalbeurteilungssystems

7. Mitbestimmung des Betriebsrates bei Leistungsvergütung

Beurteilungsbogen für das Mitarbeitergespräch[1]

PB 15

Kriterien für die Vorgesetzten/ den Vorgesetzten	Notenskala von 1 (sehr positiv) bis 6 (sehr negativ)						Kriterien für die Vorgesetzte/ den Vorgesetzten
1. Allgemeine Gesprächsführung							**1. Allgemeine Gesprächsführung**
Freundliche Begrüßung							Unfreundliche Begrüßung
Gespräch findet in einer entspannten Atmosphäre statt							Vorgesetzter verhält sich abweisend, ist distanziert
Gesprächsführung ist sachlich, objektiv, unbeeinflusst							Gesprächsführung ist emotional, unsachlich, parteiisch
Gespräch ist klar strukturiert							Gespräch verläuft völlig chaotisch
Stärken und Schwächen werden begründet dargelegt							Stärken und Schwächen werden nicht klar, Behauptungen werden aufgestellt
Vorgesetzter hört aufmerksam zu, lässt den Mitarbeiter ausreden							Vorgesetzter zeigt kein Interesse, fällt Mitarbeiter ins Wort
ausführliche Beratung hinsichtlich weiterer beruflicher Entwicklung							Verbesserungsmöglichkeiten werden nicht offen angesprochen
Weitere Kriterien							Weitere Kriterien
2. Inhalt des Gesprächs							**2. Inhalt des Gesprächs**
Anlass wird deutlich							Anlass nur ansatzweise deutlich
Bewertungskriterien werden offen dargelegt							Bewertungskriterien bleiben unklar
Zielvereinbarungen werden einvernehmlich geschlossen							Zielvereinbarungen werden nicht geschlossen
Maßnahmen werden einvernehmlich geschlossen							Maßnahmen werden nicht besprochen
Weitere Kriterien							Weitere Kriterien
3. Abschluss des Gesprächs							**3. Abschluss des Gesprächs**
freundliche Verabschiedung							unfreundliche/fehlende Verabschiedung
Gesprächsende ist einvernehmlich							Gesprächsende ist unversöhnlich und ohne Ergebnis
Weitere Kriterien/persönliche Anmerkungen							Weitere Kriterien/persönliche Anmerkungen

1 Vgl. Kronemann, S. Durchführung und Auswertung von Personalbeurteilungsgesprächen am Beispiel der Simulation von Beurteilungsgesprächen zwischen Vorgesetzten und Mitarbeiter der Diabolo GmbH, 1998, Prüfungsbericht.

Personalentwicklung und Leadership

Ausgangssituation

Arbeitsvertrag und Arbeitsrecht

AB 24

Herr Stamm hat heute – gemeinsam mit Herrn Wenger und dem Betriebsrat Herrn Klaus Blattner – entschieden, dass Frau Mareike de Keyser als neue Sachbearbeiterin im Verkauf eingestellt werden soll.

Da die Herren Stamm und Wenger mit der Umsetzung des neuen Managementsystems beschäftigt sind, bitten Sie ausnahmsweise Herrn Ingenkamp mit Frau de Keyser den Arbeitsvertrag abzuschließen.

Da Herr Ingenkamp zum ersten Mal einen Arbeitsvertrag mit einer Mitarbeiterin abschließen soll, bittet er seine Auszubildende Kira Maren sich ausführlich darüber zu informieren, weshalb und durch welche Gesetze und Verordnungen der Staat die Vertragsfreiheit beim Arbeitsvertrag stark eingeschränkt hat. Im Anschluss daran soll Kira Maren einen Anstellungsvertrag für Frau de Keyser aufsetzen. Dazu stehen ihr insbesondere auch nachfolgende Unterlagen (siehe IB 30) zur Verfügung.

Arbeitsauftrag

1. Erläutern Sie stellvertretend für Kira Maren kurz, weshalb der Staat die Vertragsfreiheit beim Arbeitsvertrag stark eingeschränkt hat!
2. In einem Arbeitsvertrag werden gemeinhin Rechte und Pflichten festgelegt, die das einzelne Arbeitsverhältnis regeln.

   Listen Sie verschiedene gesetzliche „Regelungen" auf, die Frau de Keyser – bei der Festlegung der Inhalte und beim Abschluss eines Arbeitsvertrags – bestimmte „Mindestrechte" garantieren!
3. Konzipieren Sie für Herrn Ingenkamp zuerst stichpunktartig einen unbefristeten Arbeitsvertrag zwischen der SWI Schweißtechnik GmbH und Frau de Keyser. Setzen Sie danach einen Anstellungsvertrag für Frau de Keyser auf!

   Berücksichtigen Sie dabei insbesondere die im Gehaltsrahmentarifvertrag enthaltenen Kriterien, eine Probezeit von sechs Monaten, und die nachfolgenden „Schulungsunterlagen".

IB 30

Arbeitsrecht

Der Arbeitsvertrag

Um EU-Vorschriften umzusetzen, hat der Bundestag 1995 das „Nachweisgesetz“ erlassen. Es verpflichtet alle Arbeitgeber, Arbeitsverträge schriftlich abzuschließen. Spätestens einen Monat nach Beginn des Arbeitsverhältnisses muss dem Beschäftigten der Arbeitsvertrag ausgehändigt werden. Der Vertrag muss mindestens die folgenden Angaben enthalten

Name und Anschrift der Vertragspartner

- Beginn des Arbeitsverhältnisses und, sofern befristet, dessen Ende
- Arbeitsort
- Beschreibung der Arbeit
- vereinbarte Arbeitszeit
- Höhe und Zusammensetzung des Arbeitsentgelts, einschließlich aller Zusatzleistungen wie Zulagen, Zuschläge, Prämien
- Hinweise auf anwendbare Tarifverträge und Betriebsvereinbarungen
- Dauer des Jahresurlaubs
- Kündigungsfristen

Es ist besonders wichtig, gerade Arbeitsverträge präzise zu formulieren und die Erwartungen an den Mitarbeiter und sein künftiges Aufgabenfeld genau zu beschreiben.

Hintergrund: Arbeitsverträge sind sogenannte *Dienstverträge.* Im Gegensatz zum *Werkvertrag* wird bei ihnen nicht der *Erfolg*, sondern nur die *Leistung* geschuldet. In § 611 BGB heißt es dazu: „Durch den Dienstleistungsvertrag wird derjenige, welcher Dienste zusagt, zur Leistung der versprochenen Dienste, der andere Teil zur Gewährung der vereinbarten Vergütung verpflichtet.“ Arbeitsverträge bedürfen zudem der besonderen Sorgfalt, weil sie über spezifische Bestimmungen (Urlaub, freiwillige Arbeitgeberleistungen und Prämien) das soziale Verhältnis zwischen Arbeitgebern und -nehmern maßgeblich mitbestimmen. Arbeitsverträge sind oft mehrere A4-Seiten lang. Das gilt besonders für Arbeitsverträge von höher qualifizierten Mitarbeitern, die im Unternehmen mehr Verantwortung tragen.

12 Korte - ISBN 978-3-8120-1029-0

Anstellungsvertrag

zwischen ....

und ....

§ 1 Beginn des Anstellungsverhältnisses

tritt zum .... den Dienst als .... in unserer Firma an. Das Unternehmen behält sich vor, ... bei gleicher Vergütung eine andere, ihrer/seiner Vorbildung und ihren/seinen Fähigkeiten entsprechende Tätigkeit zu übertragen.

§ 2 Arbeitszeit

Die wöchentliche Arbeitszeit beträgt ...... Stunden, die in 5 Tagen in der Woche abzuleisten sind.

§ 3 Bezüge

.... erhält für ihre/seine Tätigkeit ein monatliches Gehalt von

.... EUR brutto

(in Worten: .... EUR brutto).

Das Gehalt wird nach Abzug der gesetzlichen Abgaben zur Mitte eines jeden Monats ausgezahlt.

§ 4 Arbeitsunfähigkeit

Die Lohnfortzahlung bei Arbeitsunfähigkeit richtet sich nach den gesetzlichen Regelungen.

§ 5 Urlaub

.... erhält ...... Arbeitstage bezahlten Jahresurlaub.

§ 6 Vertragsdauer und Kündigung

Die Probezeit beträgt sechs Monate. In dieser Zeit kann der Vertrag beiderseits mit einer Frist von zwei Wochen ohne Angabe von Gründen gekündigt werden. Danach beträgt die Kündigungsfrist für beide Seiten vier Wochen zum Ende eines Kalendervierteljahres bzw., soweit gesetzlich längere Kündigungsfristen vorgeschrieben sind, die gesetzlichen Kündigungsfristen. Die Kündigung bedarf der Schriftform.

§ 7 Datenschutz

.... verpflichtet sich, keine personenbezogenen Daten unbefugt zu einem anderen Zweck als dem, der zur jeweiligen rechtmäßigen Aufgabenerfüllung gehört, zu verarbeiten, bekannt zu geben, zugänglich zu machen oder sonst zu nutzen. Ein Merkblatt zum Bundesdatenschutzgesetz wird mit diesem Vertrag ausgehändigt.

§ 8 Schlussbestimmungen

Alle betrieblichen Angelegenheiten werden vertraulich behandelt. Dieser Vertrag enthält alle zwischen den Parteien vereinbarten Regelungen. Es gibt keine mündlichen Nebenabreden.

....
Ort/Datum

....
Unterschrift Arbeitgeber

....
Unterschrift Arbeitnehmer

Ausgangssituation

Mitbestimmung und Interessenvertretung im Betrieb

AB 25

Die SWI verfügt über zwei Standorte: In Oldenburg befindet sich der Vertrieb sowie die Auftragsabwicklung und -vorbereitung für den Bereich der MIG-Schutzgasschweißgeräte und Sonderanlagen. In Papenburg sind Fertigung, Service, Einkauf, Verwaltung der Elektroschweißgeräte und der Schweißsysteme angesiedelt.

Herr Hansen will nun endgültig die Standortfrage mit der Geschäftsleitung und den Gesellschaftern klären. Die Entscheidung ist nach seiner Meinung umgehend zu treffen, da dadurch erhebliche Kosten vorrangig im Personalbereich eingespart werden können.

Nach langen Diskussionen willigen die Geschäftsführung und die Gesellschafter ein, den Standort Oldenburg aufzulösen.

Herr Hansen schlägt vor, den eigenen kleinen Fuhrpark aufzugeben und in Zukunft die Spedition Trans-Europa-Logistik zu beauftragen, die anfallenden Transporte zu übernehmen. Die Spedition Trans-Europa-Logistik zieht in Erwägung, die Fahrer und Mechaniker (3 Mitarbeiter) zu übernehmen. Zusätzlich möchte Herr Stamm in Absprache mit Herrn Hansen Mitarbeitern fristgerecht kündigen, die in den letzten Monaten und Jahren durch mangelnde Motivation und Arbeitsbereitschaft aufgefallen sind. Mittlerweile sind Informationen über eine mögliche Standortschließung und damit über die Möglichkeit von Kündigungen in der Belegschaft bekannt geworden.

Arbeitsauftrag

1. Befürworten Sie die Entscheidung der SWI Schweißtechnik GmbH, den Standort Oldenburg aufzulösen und damit auch den Fuhrpark aufzulösen?
2. Herr Blattner ist über die anstehenden Veränderungen sehr beunruhigt. Er möchte in einer Betriebsversammlung seine Kollegen und Kolleginnen über mögliche Kündigungen informieren.
   - 2.1 Erkundigen Sie sich über die Möglichkeiten der Einflussnahme (Mitwirkung, Mitbestimmung der Mitarbeiter, bzw. Informations- und Beratungsrecht) hinsichtlich Standortverlagerung und den damit verbundenen Rechten. Welche Möglichkeiten hat der Betriebsratsvorsitzende Herr Blattner, auf diese Veränderungen zu reagieren? Nutzen Sie Ihr Schulbuch[1] bzw. machen Sie eine Internetrecherche.
   - 2.2 Erarbeiten Sie auf der Grundlage des Kündigungsschutzgesetzes
     - welche Mitarbeiter genießen einen besonderen Kündigungsschutz und
     - nach welchen Kriterien kann eine ordentliche Kündigung ausgesprochen werden?[2]

     Bereiten Sie sich stellvertretend für Herrn Blattner auf diese Betriebsversammlung vor.
3. Bereiten Sie für Herrn Blattner eine Rede an die Belegschaft vor!
4. Informieren Sie sich anhand des Praxisbeispiels „Auch kleine Sünden kosten den Job“[3] über mögliche Kündigungsgründe.

IB 31 + IB 32

1 Speth (Hrsg.): Betriebswirtschaft mit Rechnungswesen/Controlttling, Band 3, Merkur Verlag Rinteln, ISBN 978-3-8120-0540-1, S. 137 ff.

2 Nutzen Sie das Internet oder IB 31.

3 Nutzen Sie IB 32.

Ausgangssituation

Personalcontrolling

AB 26

Die SWI Schweißtechnik GmbH hat sich in den letzten Wochen intensiv mit Umstrukturierungsmaßnahmen im Personalwesen beschäftigt.

Herr Stamm: „Jetzt haben wir unsere Personalabteilung so richtig auf Vordermann gebracht. Die Probleme, die Sie auf dem Workshop vorgestellt haben, sind jetzt endlich bereinigt.“

Herr Hansen: „Nicht so schnell Herr Stamm, da gibt es noch einiges zu tun. Wir haben zwar Missstände aufgedeckt, aber wir wissen noch nicht, ob unsere Maßnahmen in der Umsetzung, also durch Veränderung der Organisationsstruktur und Veränderung der Arbeitsabläufe, auch erfolgreich sind. Deshalb wäre es ratsam, hier durch ein Kennzahlensystem nähere Informationen zu erhalten.

Herr Stamm: „An welche Kennzahlen denken Sie? Müssen wir denn jetzt schon wieder unsere Mitarbeiter befragen und ist das für unser kleines Unternehmen überhaupt notwendig und umsetzbar?“

Herr Hansen: „Um den Erfolg Ihres Unternehmens in Zukunft zu sichern, ist es meines Erachtens auch für mittelständische Unternehmen immer wichtiger, personelle Ressourcen planvoll einzusetzen und durch ein effektives Personalmanagement zu überprüfen. In erster Linie denke ich hier an den Aufbau eines Personalcontrollings für Ihr Unternehmen. Für die folgenden Aufgabenbereiche

- Analyse des Personalbestands
- Bestimmung des Personalbedarfs
- Personalbeschaffung
- Personalentwicklung
- Personalfreisetzung
- Personaleinsatz
- Personalführung
- Management der Personalkosten

müssen spezielle Kennzahlen ermittelt werden. Dabei gibt es natürlich auch Bereiche, die nur schwer gemessen werden können, z. B. Ängste, Motivation, Stimmungen usw.“

Herr Stamm: „Ich befürchte, meine Mitarbeiter könnten sich dadurch kontrolliert fühlen und wenn das so ist, steht sofort der Betriebsratsvorsitzende Herr Blattner bei mir auf der Matte!“

Herr Hansen: „Natürlich ist es möglich, dass sich die Mitarbeiter berechtigterweise durch ein Personalcontrolling kontrolliert fühlen. Hier ist es ratsam, den Betriebsrat rechtzeitig an dem Aufbau eines Kennzahlensystems einzubeziehen. Der Betriebsrat hat hier ein Mitbestimmungsrecht. Sie könnten hier über eine betriebsinterne Vereinbarung nachdenken. In einem weiterem Schritt sollten dann durch eine sogenannte Balanced Scorecard[1] für die Zukunft Ziele formuliert werden, die dann anhand der Kennzahlen auch überprüfbar sind.“

1 Vgl. AB 35 Balanced Scorecard.

Personalentwicklung und Leadership

Herr Stamm: „Bleiben wir zuerst bei den Kennzahlen, an welche Kennzahlen haben Sie gedacht?“

Herr Hansen: „Zu Beginn schlage ich folgende Kennzahlen vor: Auszubildendenquote, Anteil der Mitarbeiter mit Zielvereinbarungen, Kennzahlen zur Personal- und Qualifikationsentwicklung und Kennzahlen zur Mitarbeiterzufriedenheit. Frank Havighorst, der freiberuflich in der Schulung und Beratung von Betriebsräten tätig ist, hat dazu einen interessanten Aufsatz geschrieben. Ich schlage vor, Sie beschäftigen sich zuerst damit und dann sehen wir, wie wir Herrn Blattner überzeugen können.“

Arbeitsauftrag

1. Informieren Sie sich über die wesentlichen Inhalte zum Personalcontrolling. (Machen Sie eine Internetrecherche.[1])
2. Bilden Sie drei Gruppen. Bereiten Sie eine Präsentation zu folgenden Kennzahlen durch:[2]
   - **Gruppe I:** Auszubildendenquote in %
Zielvereinbarungen in %
   - **Gruppe II:** Personal- u. Qualifizierungsentwicklung
Anzahl der Qualifizierungstage je Mitarbeiter
Aufwand für Personalentwicklungsmaßnahmen
   - **Gruppe III:** Kennzahlen zur Mitarbeiterzufriedenheit.
3. Bewerten Sie die Umsetzung für die SWI Schweißtechnik GmbH.
4. Wie kann Herr Stamm den Betriebsratsvorsitzenden von der Einführung der Kennzahlen überzeugen? Machen Sie begründete Vorschläge.

IB 33 - IB 36

1 oder nutzen Sie das Informationsblatt 33.
2 Nutzen Sie das Internet oder die Informationsblätter 34–36.

Personalentwicklung und Leadership

Zusammenfassung mit Kartenmethoden

PB 16

Arbeitsauftrag

1. Sortieraufgabe: Begriffskarten werden individuell nach „weiß ich“ und „weiß ich nicht“ geordnet.
2. Strukturlegen: Begriffskarten werden in eine sinnlogische Struktur gelegt.[1]
3. Erklären Sie kurz mit eigenen Worten jeden Begriff.

Arbeitsrecht	
Arbeitszeugnis	
Assessment-Center	
Bewerbungspaket	
Betriebsrat	
Mitarbeiterbeteiligung	
Mitarbeitermotivation	
Mitbestimmung	
Mitwirkungsrecht	
Personalanalyse	
Personalauswahl	
Personalbeurteilung	
Personalentwicklung	
Personalcontrolling	
Personalinformationssystem (PIS)	
Postkorbübung	
Profitcenter	
Stellenbeschreibung	

1 Jede Struktur ist individuell, fachliche Fehler aufgrund falscher Verknüpfung können erkannt und korrigiert werden.

Advanced Organizer:

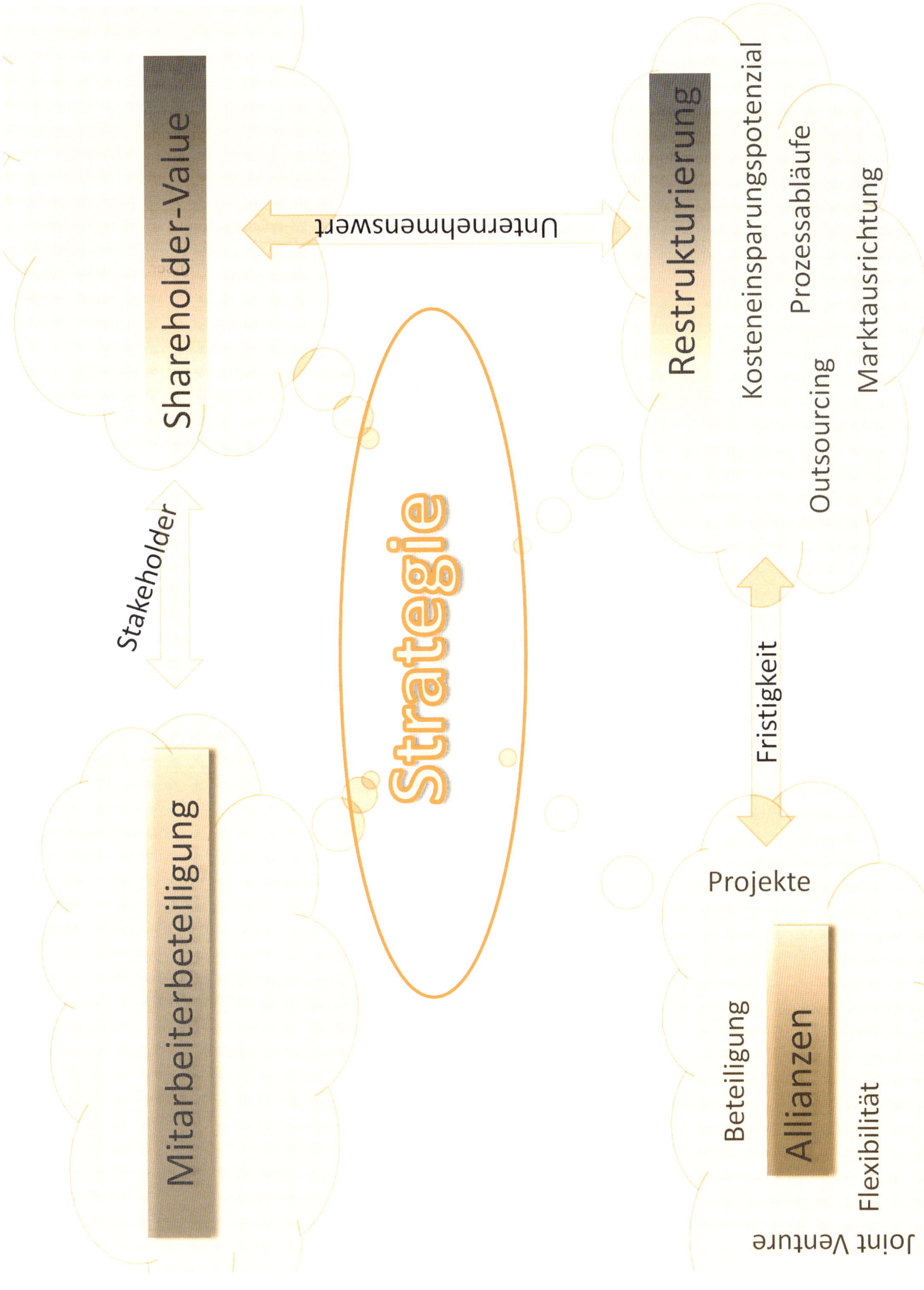

Arbeitspaket 4: Strategische Allianz

Aktuelle Unternehmensstrategien im globalen Wettbewerb

Arbeits- und Zeitplan			
Thema: Vertrieb			
1. Was wollen wir erreichen? Welches Produkt soll am Ende der Themenbearbeitung stehen?			
Präsenz im Ausland ausbauen			
2. Was ist zu tun?	**von wem?**	**bis wann?**	**✓?**
2.1 Strategische Allianz – Was bedeutet das?	*GF, BG, BR*		
2.2 Joint Ventures	*GF, BG, BR*		
2.3 Fusion	*GF, BG, BR*		
2.4 Konzern	*GF, BG, BR*		
2.5 Rechtliche Fragen klären	*GF, BG, ggf. BR*		
2.6 Wirtschaftliche Bedeutung klären	*GF, BG, ggf. BR*		
2.7 Vergleich mit UN aus der Realität/Praxis	*GF, BG*		
3. Was brauchen wir für unsere Arbeit?			

Strategische Allianz

Ausgangssituation

Strategische Allianz für die SWI Schweißtechnik GmbH

AB 27

Hansen & Partner

In den letzten Wochen wurde die Arbeitsorganisation immer mehr an den betrieblichen Abläufen bzw. am Produktionsprozess ausgerichtet. Dabei kam es insbesondere im Fertigungsbereich der SWI Schweißtechnik GmbH zu beachtlichen Produktivitätssteigerungen. Die interne Besetzung der EDV-Stelle mit Herrn Müller und die Neubesetzung der kaufmännischen Abteilung erwies sich als richtige Unternehmensentscheidung. Um jetzt weitere strategische Entscheidungen zwecks Ausweitung der Auslandsgeschäfte zu treffen, erläutert Herr Hansen in einem Kurzreferat die Notwendigkeit einer neuen Positionierung der SWI Schweißtechnik GmbH.

„Die deutschen Unternehmen versuchen in den letzten Jahrzehnten durch traditionelle betriebswirtschaftliche Maßnahmen ihre Situation zu verbessern, wie z. B. durch:

- Senkung der Lohnstückkosten,
- Rationalisierung und Kauf neuer Maschinen,
- Verlagerung eines Teils oder des ganzen Unternehmens in Länder mit günstigen Rahmenbedingungen,
- Verkauf des Unternehmens bzw. Schließung,
- Investition in neue Verfahren zur Sicherung der Produktqualität und/oder Intensivierung der Vertriebsaktivitäten.

Die Durchführung dieser Maßnahmen brachte aber nicht den erwarteten Erfolg: Für eine stärkere Automation der Betriebe wurden hohe Investitionen notwendig, was insbesondere in mittelständischen Betrieben mit einer dünnen Kapitaldecke die bestehenden Probleme noch verstärkte.

Bereits die Ankündigung der Freisetzung von Mitarbeitern führte in vielen Unternehmen zu freiwilliger Kündigung gerade der leistungsfähigen Mitarbeiter. Freisetzungen selbst wurden sozialverträglich gestaltet, was zu Entlassungen junger, gut ausgebildeter und motivierter Mitarbeiter führte. Durch die jetzt sparsame Ausstattung der Betriebe mit Personal und Verlängerung der Arbeitszeiten bzw. Überstunden ergaben sich aufgrund hoher Arbeitsintensität weitere Qualitätsverschlechterungen. Eine notwendige Intensivierung der Maßnahmen zur Qualitätssicherung erwies sich als mit hohen Kosten verbunden, die aufgrund der Marktsituation nicht über den Produktpreis an die Kunden weitergegeben werden konnten. Zudem waren die Maßnahmen zur Qualitätssicherung hauptsächlich auf das Aufspüren von Minderqualitäten in der Produktion ausgerichtet, was letztlich nur zu höherem Ausschuss führte. Zusätzlich hat sich das Betriebsklima durch diese auf die Produktion „aufgesetzten" Maßnahmen aufgrund gegenseitiger Schuldzuweisungen meist weiter verschlechtert. Eine Intensivierung der Marketingaktivitäten konnte zwar die Umsätze verbessern, die Gewinnsituation verschlechterte sich aber meistens, da steigende Verkaufszahlen mit niedrigen Preisen erkauft wurden. Die Konkurrenz hingegen erzielte mit ihren attraktiven Produkten gute Ergebnisse, da die günstigere Kostenstruktur große Margen erlaubte.

Die immer kürzeren Reaktionszeiten im Unternehmensalltag erfordern eine durchgängige informationstechnische Unterstützung der Geschäftsprozesse. DV-Systeme müssen daher auf einer unternehmensweiten Datenbank basieren und die Ausführung der Prozesse mit entsprechender Funktionalität unterstützen. Die bei der SWI Schweißtechnik GmbH eingeführten DV-Systeme und die Programme lassen sich an ständig ändernde Prozesse anpassen. Auch ein Zugriff auf das weltweite Datennetz zur Kommunikation mit Kunden, Lieferanten und Zweigwerken ist notwendig und möglich. Dadurch hat das Unternehmen die Voraussetzung geschaffen, um sich auch im internationalen Bereich auszuweiten.

13 Korte - ISBN 978-3-8120-1029-0

Strategische Allianz

Da schon Kontakte im Ausland bestehen, ist es jetzt notwendig, die bestehenden Kontakte zu verbessern und auszubauen.

Um neue Kunden im Ausland zu gewinnen, muss die SWI Schweißtechnik GmbH versuchen, das Ziel „Kundenorientierung" als maßgeblich für die Vertriebsaktivitäten zu definieren.

Kundenorientierung in diesem Zusammenhang bedeutet z. B.

- kurze und exakt eingehaltene Lieferzeiten für die Produkte.
- Änderungen aufgrund der Marktdynamik müssen kurzfristig möglich sein. Diese Flexibilität wird in der Produktion durch das Vorhalten von Kapazitäten erkauft.
- Der Einkauf kann wegen geringer Stückzahlen keine günstigen Einstandspreise erzielen.
- Hohe Lieferbereitschaft bedeutet Vorhalten von Materialien und damit hohe Lagerbestände, was negativ für die Logistik ist.
- Aufgrund kurzer Lieferzeiten kann es zu Qualitätsproblemen kommen, da die Produkte unter hohem Zeitdruck gefertigt werden müssen. Die Wirkungskette zeigt, dass hinsichtlich der Zielerreichung keine betriebliche Funktion – außer dem Vertrieb – erfreut über diese Unternehmensstrategie sein kann."

Herr Hansen formuliert für die SWI Schweißtechnik GmbH daraufhin folgende Maßnahmen:

Maßnahme 1:

Im Bereich der Schweißanlagen als Komplettsystem: Ausbau bzw. Aufbau von Auslandsgeschäften zur Erweiterung von Kundenbeziehungen, um die Kapazitätsauslastungen zu gewährleisten. Dabei soll besonders geprüft werden, ob strategische Allianzen möglich und sinnvoll sind.

Maßnahme 2:

Sind die finanziellen Kapazitäten vorhanden, um die geplanten gemeinsamen Produkte oder Dienstleistungen zu entwickeln und zu verkaufen? Wie bewältigen die künftigen Partner die Erstellung eines gemeinsamen Produkt- und Dienstleistungsportfolios, auch wenn sie bislang Konkurrenten im Wettbewerb mit sich überlappenden Angeboten an Produkten und Dienstleistungen waren?

Arbeitsauftrag

1. Was versteht man unter einer „strategischen Allianz"?
2. Führen Sie mögliche **Ursachen** auf, warum seit Ende der „Achtziger-Jahre" immer mehr Unternehmen strategische Allianzen gründen.
3. Welche denkbaren **Ziele** werden mit der Gründung einer strategischen Allianz verfolgt?
4. Führen Sie mögliche **Nachteile** einer strategischen Allianz auf.
5. In welchen Geschäftsbereichen lassen sich strategische Allianzen bilden?
6. Definieren Sie die Begriffe „Joint Venture", „Kartell", „Fusion" und „Konsortium".
7. Suchen Sie im Internet **fünf** weitere Beispiele für existierende strategische Allianzen. (Informationen auch durch den Lehrer, IB 37)
8. Unterbreiten Sie der SWI Schweißtechnik GmbH einen begründeten Vorschlag zur Gründung einer strategischen Allianz. Erstellen Sie hierfür eine Tischvorlage.

IB 37

Arbeitspaket 5: Veränderungen im Vertrieb

Umstrukturierung im Vertrieb

Arbeits- und Zeitplan			
Thema: Vertrieb			
1. Was wollen wir erreichen? Welches Produkt soll am Ende der Themenbearbeitung stehen?			
Reduzierung der Kosten im Vertrieb			
2. Was ist zu tun?	**von wem?**	**bis wann?**	**✓?**
2.1 Kostenanalyse in der Abteilung Vertrieb	GF, BG, BR		
2.2 Neuorganisation der Vertriebslogistik	GF, BG, BR		
2.3 Kostensenkungsmaßnahme (z. B. Prozesskostenrechnung im UN einführen)	GF, BG, BR		
2.4 Beteiligungen (neue Gesellschafter, Darlehensvertrag, Mitarbeiterbeteiligung usw.)	GF, BG, BR		
2.5 Vergleich mit UN aus der Realität/Praxis	GF, BG		
3. Was brauchen wir für unsere Arbeit?			

Grundzüge der Prozesskostenrechnung

Ausgangssituation

AB 28

Umstrukturierung im Vertrieb

Herr Stamm und Herr Hansen sind sich einig, dass das Unternehmen aufgrund der Verlustsituation seine Kostenstruktur den Leistungen vollständig anpassen muss. Aus diesem Grund hat eine gedankliche Neuausrichtung zu erfolgen.

Hier könnten nach Auffassung von Herrn Hansen insbesondere im Bereich Vertrieb über den Fuhrpark wesentliche Positionen eingespart werden. Herrn Hansen liegt von der Spedition Trans-Nordwest-Logistik, Oldenburg, ein Angebot für die reine Transportleistung vor. Weiter kann auch über ein Leasingangebot der LKW-Leasing GmbH nachgedacht werden. Herr Hansen möchte, dass auch über die Möglichkeit nachgedacht wird, den Fuhrpark aufzulösen.

In diesem Zusammenhang ist eine Analyse der Kostenstruktur in der Abteilung Vertrieb durchzuführen. Deshalb wird der neue kaufmännische Leiter Herr Müsing beauftragt, die Abteilung Vertrieb einer Kostenanalyse zu unterziehen.

Maßnahme:

Kostenanalyse in der Abteilung „Vertrieb“ vornehmen und Einsparpotenzial erarbeiten.

Herrn Müsing liegt folgendes Datenmaterial vor:

Kostensituation

1. 15 Mitarbeiter im Vertrieb und Service
   - 12 Fahrer (Fähigkeiten und Kenntnisse für Montage und Service)
   - 3 Service

   Durchschnittliche Lohnkosten inkl. Lohnnebenkosten pro Person und Monat: 3 800,00 EUR.

2. 10 Lkw mit je 25 t Nutzlast

   Angaben je LKW:
   - Anschaffungskosten 100 000,00 EUR
   - Wiederbeschaffungswert 120 000,00 EUR
   - Nutzungsdauer: 5 Jahre
   - Kalkulationszinssatz: 10 %
   - Durchschnittliche Laufleistung zurzeit im Jahr: 80 000 km
   - Steuern/Versicherung/Maut im Jahr: 12 000,00 EUR
   - Variable Kosten pro km: 0,75 EUR

3. Raumkosten für
   - Halle: 375 m^2
   - Sozialräume: 25 m^2
   - Kalk. Miete pro m^2 im Monat: 12,50 EUR

Arbeitsauftrag

Berechnen Sie:
- die Fixkosten je LKW pro Jahr,
- die Fixkosten für alle LKW im Jahr,
- die Lohnkosten für alle Vertriebsmitarbeiter pro Jahr,
- die Raumkosten pro Jahr.
- Bilden Sie die Summe der Fixkosten pro Jahr.
- Berechnen Sie nun die Gesamtkosten pro km für einen LKW.

Herr Müsing hat von der Spedition **Trans-Nordwest-Logistik,** Oldenburg, ein Angebot für die reine Transportleistung eingeholt. Bei zu erwartenden 800 000 km pro Jahr Fahrleistung wird der gefahrene Kilometer mit **2,10 EUR** veranschlagt.

Weiterhin liegt Herrn Müsing das folgende Angebot der **LKW-Leasing GmbH,** Osnabrück, vor:

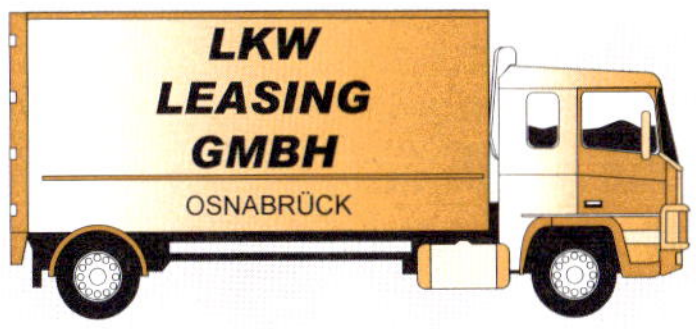

Angebot:

1. Leasingwert pro LKW: 100 000,00 EUR
2. Jährliche Sonderzahlung: 10 %
3. Monatliche Kosten:[1]
   - Grundgebühr: 1,8 % des Leasingwertes
   - monatlich 0,30 EUR pro gefahrenem Kilometer

Arbeitsauftrag

1. Berechnen Sie die Gesamtkosten pro Kilometer für einen LKW, wenn die SWI Schweißtechnik GmbH das Leasingangebot wahrnimmt und vergleichen Sie die drei Alternativen
   - eigener Fuhrpark,
   - Spedition,
   - Leasing

   unter Kostengesichtspunkten.
2. Diskutieren Sie neben den Kostenbetrachtungen weitere Vor- bzw. Nachteile der drei Alternativen. Nutzen Sie dazu weitere Informationsmöglichkeiten, z. B. das Internet.
3. Entscheiden Sie sich für eine Alternative. Begründen Sie Ihre Entscheidung und präsentieren Sie diese Herrn Hansen und Herrn Stamm in geeigneter Form.

1 Kosten für Versicherung und Steuern sind in der Leasingrate enhalten.

GRUNDZÜGE DER PROZESSKOSTENRECHNUNG

Ausgangssituation

Entscheidung über Kosteneinsparungspotenzial im Vertrieb

AB 29

Aufgrund zunehmenden Konkurrenzdrucks und der damit verbundenen Preiskämpfe schlägt Herr Hansen vor, den Vertrieb weitestgehend aufzulösen und in Zukunft die Vertriebslogistik von einem externen Spezialisten durchführen zu lassen **(Outsourcing)**. Dies würde u. a. zu Entlassungen von Mitarbeitern führen.

Auf den Vorschlag von Herrn Hansen reagiert der Betriebsratsvorsitzende, Herr Blattner, mit Ablehnung, da er etwaigen Entlassungen kritisch gegenübersteht. Er wendet ein: „Auf der letzten Gewerkschaftssitzung wurde uns das **Profit-Center** vorgestellt. Dies halte ich für eine gute Alternative zum Outsourcing, weil dadurch die Qualität unserer Leistung verbessert wird und Arbeitsplätze erhalten bleiben."

Arbeitsauftrag

1. Informieren Sie sich über die Alternativen **Outsourcing** und **Profit-Center** (siehe IB 38) und stellen Sie diese vergleichend gegenüber. Berücksichtigen Sie dabei die Chancen und die Risiken beider Vorgehensweisen, und zwar in Bezug auf die SWI-Schweiß-Technik GmbH.
2. Die Entscheidung zur Neuorganisation der Vertriebslogistik in der SWI Schweißtechnik GmbH steht an. Zur Vorbereitung dieser Entscheidung sollen Sie Ihre bisherigen Erkenntnisse für die Alternativen
   - Beibehaltung des **eigenen Fuhrparks**,
   - Übertragung der Transportleistung auf die **Spedition Trans-Europa-Logistik,**
   - Leasing des Fuhrparks bei der **Cargo-Leasing GmbH,**
   - **Outsourcing** an einen externen Dienstleister,
   - Bildung eines **Profit-Centers**

   zusammentragen und in einer Diskussionsrunde auswerten.
3. Bilden Sie zu jeder Alternative eine Expertengruppe und erstellen Sie jeweils ein Argumentationspapier für die Diskussionsrunde.
4. Entsenden Sie aus jeder Gruppe zwei Experten, die in der Diskussionsrunde Ihre jeweilige Alternative vertreten.
5. Entscheiden Sie danach im Plenum, welche Vorgehensweise für die SWI Schweißtechnik GmbH angebracht erscheint. Berücksichtigen Sie Ihre Entscheidung auch hinsichtlich Mitarbeitermotivation und Unternehmensziel der SWI Schweißtechnik GmbH.

Profit-Center und Outscourcing

IB 38

1. Profit-Center

Profit-Center sind klar abgrenzbare Geschäftsfelder innerhalb eines Unternehmens, für deren Gewinne und Verluste der Leiter verantwortlich ist. Profit-Center sind also Abteilungen eines Unternehmens mit klarer Verantwortlichkeit des zuständigen Leiters.

Die Einführung einer Profit-Center-Organisation in einem Betrieb als Führungskonzept hat eine Reihe von Vorteilen:

- Delegation von Verantwortung und Kompetenz an die Abteilungsleiter (und damit Entlastung der Unternehmensleitung).
- Förderung der unternehmerischen Einstellung der Mitarbeiter (Mitunternehmer).
- Steigerung der Motivation und Identifikation mit der eigenen Aufgabe.
- Mehr Transparenz hinsichtlich Leistung und Ergebnis und damit eine bessere Steuerung des Unternehmens.[1]

2. Outsourcing

Text 1[2]

Betriebe können benötigte Leistungen selbst erbringen oder andere Dienstleister damit beauftragen. Die Verlagerung von ursprünglich eigenen (betriebsinternen) Tätigkeiten auf andere (externe) Betriebe wird als **Outsourcing** bezeichnet.

Ein Betrieb steht somit vor der Frage des **make or buy,** d. h.: Sollte man die Leistungen selbst erbringen bzw. die Güter herstellen oder von anderen kaufen?

Generell ist die **Überprüfung einer Outsourcing-Konzeption** abhängig von

- der Branche, in welcher der Betrieb agiert,
- den Anforderungen seines (Absatz-)Marktes,
- der eigenen Kostenstruktur,
- der eigenen Größe,
- den bestehenden und möglichen Lieferanten einer benötigten Dienstleistung,
- der Akzeptanz der Kunden,
- den Mitarbeitern,
- den Vorteilen der Angebote von Dienstleistern,
- u. a.

Wenn ein Betrieb sich dazu entscheidet, Leistungen von anderen Betrieben zu beziehen, die er auch selbst erstellen könnte, muss dies einige **Vorteile** aufweisen. Die Entscheidung wird beeinflusst von folgenden Vorteilen, die man zu realisieren versucht:

- Durch frei werdende Kapazitäten kann man sich auf das lukrativere (lohnendere) Kerngeschäft konzentrieren.
- Der Anbieter der gesuchten Dienstleistung kann auf ein umfassendes Leistungsspektrum zurückgreifen. Seine Strukturen sind auf die Tätigkeit ausgerichtet.
- Als ein Spezialist für bestimmte Tätigkeiten kann der Anbieter Kostenvorteile realisieren.
- Der Betrieb nutzt Möglichkeiten der Vernetzung, um stets eng mit dem Anbieter zu kommunizieren.
- Als Spezialist verfügt der Anbieter über größere Flexibilität als der Betrieb.
- u. a.

Folgende **Probleme** könnten für einen Betrieb auftreten:

- Eine gewisse Unsicherheit, ob die Qualität der Leistungen stimmt, kann vorherrschen und das Projekt gefährden.
- Die Langfristigkeit der Geschäftsbeziehung muss beidseitig gewahrt sein.
- Die Frage, ob der Anbieter stets auf dem neuesten Stand der Technik ist, bleibt offen.
- Schwierigkeiten in der Kompatibilität der Systeme können gegenseitige Zugriffe auf Daten oder den Austausch von Informationen verzögern bzw. verhindern.
- Mögliche Preissteigerungen gefährden die eigene Kalkulation.

1 Siehe z. B. http://www.gruenderstadt.de oder z. B.: http://www.rechnungswesen-office.de.

2 Siehe Hummel u. a.: Kompaktwissen und Prüfungstraining, Merkur Verlag Rinteln, ISBN 978-3-8120-0570-8, 2. Auflage 2009, S. 233ff.

Grundzüge der Prozesskostenrechnung

- Die Zuverlässigkeit des Lieferanten dieser Dienstleistung muss unbedingt gewährleistet sein.
- Fehlt die Akzeptanz dieser Maßnahme bei eigenen Kunden, kann sie sich als Verlust bringend herausstellen.
- Ein Verlust der Souveränität/Abhängigkeit von anderen Betrieben ist nicht förderlich für das Selbstverständnis eines Betriebes.
- u.a.

Text 2

Mit der Geschäftsprozessorientierung ist gleichzeitig das Bemühen vieler Unternehmen verbunden, sich auf die Kerngeschäfte (Leistungs- und Absatzprozess) zu konzentrieren und unterstützende Prozesse, z.B. Logistikleistungen, auszugliedern und anderen Unternehmen zu übertragen. Für das *Outsourcing* von Logistikleistungen gibt es – wie für die Ausgliederung von anderen Bereichen auch – eine Vielzahl von Gründen:

Gründe für das Outscourcing von Logistikleistungen	
allgemeiner (modischer) Trend	➢ Beschränkung auf Kernkompetenzen ➢ „Variabilisierung" fixer Kosten ➢ *Lean Produktion*
Komplexitätsreduzierung	➢ bewusste Vereinfachung der Abläufe im Unternehmen durch Beschränkung auf wenige Aufgaben ➢ Reduzierung des Steuerungsaufwands
wirtschaftliche Gründe	➢ mangelndes logistisches Know-how ➢ ungünstigere Kostenstruktur

Betriebswirtschaftliche Theorie und Managementpraxis unterliegen **allgemeinen modischen Trends**. Ein derartiger Trend ist bereits seit längerer Zeit das Outsourcing von sogenannten „unterstützenden Prozessen". Die Variabilisierung fixer Kosten ist für die Logistik dann von besonderer Bedeutung, wenn das Unternehmen saisonalen Schwankungen unterliegt. Wird die Logistikleistung durch das eigene Unternehmen erbracht, so muss sich die bereitzustellende Kapazität immer an den Spitzenanforderungen ausrichten. Dadurch entstehen sowohl im Personalbereich als auch bei den Anlagen Auslastungsprobleme, die wegen des Fixkostencharakters dieser Kosten dazu führen, dass keine Anpassung der Kosten an die jeweilige Beschäftigungssituation erfolgen kann. Wird die Logistikleistung dagegen von einem Logistikdienstleister erbracht, so können die fixen Kosten – zumindest zu einem Teil – variabilisiert werden.

In vielen Unternehmen wird versucht, durch Ausgliederung ganzer Logistikbereiche die **Komplexität** der Leistungserstellung zu **reduzieren.** Logistikdienstleister können – als neutrale Instanz zwischen Lieferern und Kunden – den Materialfluss effizienter steuern und Abstimmungs- und Koordinierungsaufgaben übernehmen. Logistikdienstleister verfügen in der Regel über ein größeres **Know–how** zur Steuerung logistischer Prozesse als produzierende Unternehmen, die sich auf die Kernkompetenz konzentrieren. Darüber hinaus können sie die Logistikleistung **kostengünstiger** anbieten, indem sie z.B. saisonale Schwankungen durch Aufnahme von Kunden anderer Branchen ausgleichen.

Logistikleistungen können in ganz unterschiedlichem **Umfang** ausgegliedert werden. Sie können sich auf physische Logistikleistungen beziehen (z.B. Lagern, Kommissionieren, Transportieren und Verpacken), aber auch auf administrative Leistungen (z.B. Frachtrechnungsprüfung und Zollabwicklung) und dispositive Logistikleistungen (z.B. Steuerung des Materialflusses zwischen Lieferer und Kunden). Logistikdienstleistungen beschränken sich jedoch nicht nur auf Beschaffungs- und Absatzprozesse, sondern sie können sich auch auf die Steuerung unternehmensinterner Materialflüsse beziehen. Erfahrungen von Zulieferern der Automobilindustrie zeigen, dass auch der Ersatz von Fremdlogistik am Beispiel Vertriebslogistik oder Produktionslogistik nicht grundsätzlich vom Zukauf fremden Know-hows und fremder Dienstleistungen frei sein muss.

Grundzüge der Prozesskostenrechnung

Ausgangssituation

Einführung der Prozesskostenrechnung im Vertrieb

AB 30

Für alle Gruppen[1]

Nach langen Gesprächen mit dem Betriebsratsvorsitzenden Herrn Blattner hat sich Herr Stamm in Absprache mit Herrn Hansen doch entschlossen, den Fuhrpark der SWI Schweißtechnik GmbH im Unternehmen zu belassen und nicht die Spedition Trans-Nordwest-Logistik mit den anfallenden Transporten zu beauftragen. Herr Hansen hat allerdings mit der Beibehaltung des Fuhrparks im Unternehmen die Bedingung geknüpft, dass die Vertriebsabteilung und hier insbesondere der Fuhrpark rigoros Kosten einsparen muss.

Gruppe 1

Arbeitsauftrag

Finden Sie neben der Kostensenkung mithilfe von IB 39 weitere Lösungsmöglichkeiten für die Wiedergewinnung der Wettbewerbsfähigkeit der Vertriebsabteilung. Visualisieren Sie Ihre Ergebnisse in einem Mind-Map.

Prozesskostenrechnung Information Gruppe 1

IB 39

Eine Möglichkeit, die Kosten in einem Unternehmen zu kontrollieren, ist das Prozesscontrolling. Hierbei handelt es sich um ein Spezialgebiet des allgemeinen Controllings. Die Hauptaufgabe des Prozesscontrollings besteht darin, betriebliche Prozesse zu überwachen und zu bewerten. Unter Prozessen versteht man die Zusammenfassung logisch zusammenhängender Arbeitsschritte, die einen bestimmten Input (z. B. seitens der Lieferanten, Mitarbeiter) in einen bestimmten Output (intern für andere Abteilungen oder extern für Kunden) transferieren. Diese Prozesse müssen laufend dokumentiert werden und die Prozessleistungen und -kosten müssen laufend erfasst werden. Somit geht es letztlich um Informationsbereitstellung.

Ein Grundsatz des Controlling lautet: Was man nicht messen kann, das kann man auch nicht steuern. Um aber etwas zu messen, müssen zunächst einmal Ziele, Maßgrößen und konkrete Vorgaben festgelegt werden. Dabei leitet sich ein Prozessziel immer von langfristigen Strategien eines Unternehmens ab. Diese langfristigen Ziele sind in der Regel nicht so einfach operationalisierbar. Das Controlling trägt dazu bei, dass aus diesen Zielen messbare Teilziele abgeleitet werden.

1 Hier ist die Literatur für alle Arbeitsblätter zur Prozesskostenrechnung aufgeführt:
Bergen, H.-P. u. a. (2002): Prozesscontrolling. In: Engelhardt, P.: Industrielle Geschäftsprozesse, Berlin: Cornelsen Verlag.
Meffle, G.; Heyd, R.; Weber, P. (2000): Das Rechnungswesen der Unternehmung als Entscheidungsinstrument. Köln: fortis, Band 1, 3. überarb. Auflage.
Meyer, R. (1998): Prozesskostenrechnung – State of the Art. In: Horvath & Partner (Hrsg:): Prozesskostenmanagement. Methodik und Anwendungsfelder. München: Franz Vahlen Verlag.
Scheer, A.-W.; Berkau, C. (1993): Wissensbasierte Prozesskostenrechnung – Baustein für das Lean Controlling. In: Kostenmanagement 2/1993.
Schumacher, B.: Grundlagen der Prozesskostenrechnung (III) – Kalkulieren der Prozesskosten. In: Die Industriekaufleute 3/2004.

14 Korte - ISBN 978-3-8120-1029-0

Grundzüge der Prozesskostenrechnung

Die wichtigsten Ziele des Controllings sind Zeit-, Qualitäts- und Kostenziele. Diese Größen tragen zu einer besseren Kundenzufriedenheit bei, beeinflussen aber zugleich auch das eigene Unternehmensergebnis. Somit hat man hier ein Instrument zur Steigerung der Wettbewerbsfähigkeit.

Die **Zeit** spiegelt sich in der Prozessdauer wider. Da Preise und Qualität von Produkten der Konkurrenten als eindeutige differenzierende Wettbewerbsfaktoren gesehen werden können, nimmt die Zeit eine zentrale Stellung bei den beeinflussbaren Größen ein. Hinzu kommt, dass die Prozessdauer für den Kunden direkt ersichtlich ist, sodass dieses stark zur Verbesserung der Kundenzufriedenheit beitragen kann.

Jede Nachbesserung eines Prozessergebnisses verändert sofort die Prozessdauer negativ. Somit besteht ein enger Zusammenhang zwischen Prozessdauer und der **Qualität.** Bei einer schlechten Qualität entstehen zudem auch noch zusätzliche Kosten zur Behebung der Mängel.

Auf die **Kosten,** die bei der Durchführung eines Prozesses anfallen, haben sowohl die Prozessdauer als auch die Qualität einen direkten Einfluss. Traditionell ist das Kostenziel das zentrale Ziel des Controllings, während die beiden anderen Ziele eher vernachlässigt wurden. Inzwischen weiß man, dass es in der Regel besser ist die Qualität zu verbessern, als Kosten einzusparen. Trotzdem darf man die Kosten nicht vernachlässigen. Dazu ist es notwendig, genaue Kosteninformationen zu erhalten. Da jedoch indirekte Unternehmensbereiche, wie z. B. Qualitätskontrollen, immer wichtiger werden, steigen auch die Gemeinkosten dieser Bereiche. Die herkömmlichen Verfahren der Kostenrechnung können auf diese Entwicklung nicht reagieren. So hat sich ein neues Verfahren entwickelt: Die Prozesskostenrechnung.

Gruppe 2

Arbeitsauftrag

Aufgrund der in der Ausgangssituation beschriebenen Unternehmenslage, soll Herr Müsing eine verursachungsgerechte Verteilung der Kosten vornehmen. Der zuletzt aufgestellte BAB der SWI Schweißtechnik GmbH ergab folgende Zahlen:

- Fertigungsmaterial: 2 940 000,00 EUR
- Materialgemeinkosten: 279 300,00 EUR
- Fertigungslöhne: 2 400 000,00 EUR
- Fertigungsgemeinkosten: 2 640 000,00 EUR
- Mehrbestand an fertigen Erzeugnissen: 240 000,00 EUR
- Vertriebsgemeinkosten: 561 351,00 EUR

1. Berechnen Sie die Material- und Fertigungskosten.
2. Berechnen Sie die Herstellkosten der Erzeugung.
3. Berechnen Sie die Herstellkosten des Umsatzes.
4. Berechnen Sie den Vertriebsgemeinkostenzuschlag.
5. Kalkulieren Sie mithilfe der Zuschlagskalkulation die Stückkosten des **Elektroschweißgerätes KG 100**. Die Herstellungskosten pro Stück betragen 40,00 EUR. Gehen Sie bei Ihrer Berechnung von **einem** Kundenauftrag aus, für den unterschiedlich große Stückzahlen angenommen werden (Verwaltungsgemeinkosten bleiben hier unberücksichtigt). Visualisieren Sie Ihre Ergebnisse auf einem Plakat!

Grundzüge der Prozesskostenrechnung

Gruppe 3

Arbeitsauftrag

Aufgrund der in der Ausgangssituation beschriebenen Unternehmenslage soll Herr Müsing eine verursachungsgerechte Verteilung der Kosten vornehmen.

Er hat in der Abteilung im Rahmen einer Tätigkeitsanalyse festgestellt, dass durch die Bearbeitung des Kundenauftrags hauptsächlich Personalkosten durch Abwicklung, Ausgangskontrolle, Auslagerung, Versand und Buchung entstehen. Diese sogenannten Prozesskosten betragen 500,00 EUR **je Auftrag.** Die Herstellungskosten des **Elektroschweißgerätes KG 100** pro Stück betragen 40,00 EUR.

Führen Sie eine Berechnung der Stückkosten durch und visualisieren Sie Ihre Ergebnisse auf einem Plakat!

Prozesskostenrechnung (Prozesskosten = ... EUR)			
Stück	**HK**	**VtGK**	**Stückkosten**
1 000			
5 000			
10 000			
15 000			
20 000			

Zuschlagskalkulation (Zuschlagssatz = 7 %)			
Stück	**HK**	**VtGK**	**Stückkosten**
1 000			
5 000			
10 000			
15 000			
20 000			

Gruppe 4

Arbeitsauftrag

Informieren Sie sich über die Vor- und Nachteile der Prozesskostenrechnung (IB 40). Berücksichtigen Sie in diesem Zusammenhang auch den Maschinenstundensatz der Vollkostenrechnung! Visualisieren Sie Ihre Ergebnisse auf einem Plakat.

Grundzüge der Prozesskostenrechnung

Prozesskostenrechnung Information Gruppe 4

IB 40

Vor- und Nachteile der Prozesskostenrechnung

Die Prozesskostenrechnung ist eine Methode, mit deren Hilfe die Kosten der indirekten Leistungsbereiche (z. B. Forschung und Entwicklung, Beschaffung, Qualitätssicherung, Vertrieb) des Unternehmens besser geplant und gesteuert bzw. auf das Produkt verrechnet werden können. Im Einzelnen sind hier drei Effekte zu unterscheiden:

1. Allokationseffekt

Bei der Anwendung der Prozesskostenrechnung erfolgt die Zuordnung (Allokation) der Gemeinkosten auf die Produkte unabhängig von der Höhe traditionell wertorientierten Zuschlagsbasen (z. B. Material-, Lohneinzelkosten). Stattdessen sollen die Gemeinkosten *nach Inanspruchnahme betrieblicher Ressourcen* auf die einzelnen Produkte verteilt werden. Damit vermeidet die Prozesskostenrechnung die Proportionalisierung der Gemeinkosten.

Beispiel:[1]

Schweißautomat Typ	Materialgemeinkosten pro Stück		
	Traditionelle Zuschlagskalkulation MGK-Zuschlagssatz	Prozesskosten-rechnung	Allokationseffekt (Materialgemein-kostendifferenz)
1	1 890,00 EUR	3 900,00 EUR	+ 2 010,00 EUR
2	1 890,00 EUR	1 950,00 EUR	+ 60,00 EUR
3	1 890,00 EUR	1 300,00 EUR	– 590,00 EUR
4	1 890,00 EUR	975,00 EUR	– 915,00 EUR
5	1 890,00 EUR	1 560,00 EUR	– 330,00 EUR
6	1 890,00 EUR	1 300,00 EUR	– 590,00 EUR

Erläuterungen:

Der Vergleich zeigt, dass die traditionelle Zuschlagskalkulation bei der Produktion von einem Schweißgerät 2 010,00 EUR und bei der Produktion von zwei Schweißgeräten 60,00 EUR zu wenig Materialgemeinkosten einkalkuliert. Ab der Produktion von 3 Schweißgeräten kalkuliert die traditionelle Zuschlagskalkulation zu viel Materialgemeinkosten ein (z. B. 915,00 EUR bei der Produktion von 4 Schweißgeräte). Der Grund für diese Kostenverzerrung liegt darin begründet, dass die traditionelle Zuschlagskalkulation die Materialgemeinkosten nach der Höhe der Materialeinzelkosten verrechnet und nicht nach den tatsächlich verursachten Prozesskosten (dem tatsächlichen betrieblichen Ressourcenverbrauch).

2. Komplexitätseffekt

Die Prozesskostenrechnung ermöglicht insbesondere die Komplexität und den Variantenreichtum der Produkte als den kostenbestimmenden Faktor in der Kalkulation *verursachungsgerecht* nachzubilden. Die traditionelle Zuschlagskalkulation verrechnet die Komplexitätskosten proportional in Abhängigkeit von der Höhe der jeweiligen Zuschlagsbasis. Demnach werden die Produkte mit niedriger Komplexität zu teuer und die mit hoher Komplexität zu billig am Markt angeboten, sodass sich gravierende Fehlsteuerungen im Produkt-Mix ergeben können.

Die Anwendung der Prozesskostenrechnung führt nun dazu, dass Produkte mit niedriger Komplexität und geringerer Wertschöpfung im Vergleich zur Zuschlagskalkulation billiger angeboten werden können und umgekehrt. Diese zusätzlichen Informationen tragen dazu bei, verlustträchtige Strategien zu vermeiden.

---

1 In Anlehnung an: Speth/Kaier: Betriebswirtschaft mit Rechnungswesen | Controlling, Bd. 2, Merkur Verlag Rinteln, 2. Auflage 2008, ISBN 978-3-8120-0540-1, S. 160 ff.

3. Degressionseffekt

Während bei der Zuschlagskalkulation aufgrund der proportionalen Gemeinkosten-Zuordnung jeweils ein konstanter Gemeinkostensatz pro Stück verrechnet wird, verringern sich bei der Prozesskostenrechnung mit steigenden Stückzahlen die Prozesskosten je Stück. Dies führt bei der Zuschlagskalkulation dazu, dass bei proportionaler Verrechnung der Gemeinkosten Aufträge mit niedrigen (großen) Stückzahlen zu gering (stark) belastet werden, obwohl gerade deren Abwicklung die betrieblichen Ressourcen am stärksten (wenigsten) beansprucht. Die Anwendung der Prozesskostenrechnung ergibt neue Werte für die Produktionskosten: Produkte, die in geringen Mengen nachgefragt werden, müssen höhere Kosten tragen und umgekehrt.

Aber die Prozesskostenrechnung kann ebenso wenig wie die Vollkostenrechnung als eine adäquate Grundlage für kurzfristige Absatz- und Produktionsentscheidungen gesehen werden. So wird auch hier nicht zwischen fixen und variablen Kosten unterschieden. Hinzu kommt, dass ein progressiver (überproportionaler) Kostenverlauf bei steigender Komplexität nicht abgebildet wird.

Außerdem stellt sich die Frage, ob die Prozesskostenrechnung nicht im Grunde eine veränderte Vollkostenrechnung darstellt, denn in der Grundstruktur und in der Verrechnungslogik der Kosten besteht kein nennenswerter Unterschied. So umfasst auch die Prozesskostenrechnung ebenso eine Kostenstellenrechnung mit den bekannten Methoden der Kostenplanung sowie -kontrolle und eine Kostenträgerrechnung, die in formaler Hinsicht mit den üblichen Kostenverteilungsmethoden identisch sind. Insofern handelt es sich bei der Prozesskostenrechnung sicherlich nicht um ein revolutionäres Kostenrechnungssystem.

Mit der Prozesskostenrechnung sind auch erhebliche Zurechnungsprobleme und ein großer Erfassungs- sowie Planungsaufwand bei den Tätigkeitsanalysen verbunden.

Gruppe 5

Arbeitsauftrag

Aufgrund der in der Ausgangssituation beschriebenen Unternehmenslage soll Herr Müsing eine verursachungsgerechte Verteilung der Kosten vornehmen.

Herr Kollenbach, der Leiter der Abteilung Vertrieb, schlägt vor, von der traditionellen Vollkostenrechnung zur Prozesskostenrechnung zu wechseln. Hierdurch sieht er die Möglichkeit, die Kosten verursachungsgerecht zuzuordnen und somit auch die Tätigkeiten zu identifizieren, die hohe Kosten verursachen.

Informieren Sie sich darüber, in welchen Schritten die Prozesskostenrechnung durchgeführt wird (IB 41) und visualisieren Sie Ihre Ergebnisse auf einem Plakat!

Prozesskostenrechnung Information Gruppe 5

IB 41

Prozesskostenrechnung

Die Prozesskostenrechnung wird als eine Methode verstanden, mit deren Hilfe die Kosten die indirekten Leistungsbereiche (z. B. Forschung und Entwicklung, Beschaffung, Qualitätssicherung, Vertrieb) des Unternehmens besser geplant und gesteuert bzw. auf das Produkt verrechnet werden können. Das System der Prozesskostenrechnung soll in fünf Schritten dargestellt werden.

Grundzüge der Prozesskostenrechnung

1. Ausgangspunkt bildet zunächst die *Bestimmung und Analyse der betrieblichen Prozesse*. Unter Prozessen versteht man die Zusammenfassung logisch zusammenhängender Arbeitsschritte, die einen bestimmten Input (z. B. seitens der Lieferanten, Mitarbeiter) in einen bestimmten Output (intern für andere Abteilungen oder extern für Kunden) transferieren. Alle Prozesse schließen mit einem bestimmten Arbeitsergebnis ab. Charakteristisch für Prozesse ist, dass es sich hierbei i. d. R. um repetitive Tätigkeiten handelt, die dadurch gekennzeichnet sind, dass sie proportionale (volumenabhängige) Kosten verursachen. In diesem Fall spricht man auch von **leistungsmengeninduzierten (lmi) Prozessen.**[1]

   Die in den einzelnen Bereichen ablaufenden Transaktionen bzw. Prozesse werden anhand von Interviews mit den betreffenden Kostenleitern erhoben. Jede Kostenstelle muss die dort ablaufenden Prozesse und den hierzu erforderlichen Einsatz an Personal- und Sachmittel angeben, der die Höhe der Kosten bei den einzelnen Prozessen bestimmt.

2. Der nächste Schritt stellt die *Bestimmung der prozessbezogenen Kostentreiber* oder auch „cost driver" dar. Sie sind die Maßgröße zur Quantifizierung der Anzahl der Prozessdurchführungen für einen bestimmten Output. **Nur** für die leistungsmengeninduzierten Prozesse sind die Kostentreiber Maßgröße. Wie die variablen Kosten in der Teilkostenrechnung, verlaufen die Kosten für die lmi-Prozesse proportional zu der Anzahl des Kostentreibers.

3. Für die leistungsmengenneutralen und die prozessunabhängigen Tätigkeiten werden die Gemeinkosten dem Fixkostensockel (= Grundlast) einer Kostenstelle oder dem des gesamten Unternehmensbereichs zugeordnet. Die typischen Kostentreiber auszumachen, d. h. die Prozesse hinsichtlich ihrer wahren Kostenverursachung zu untersuchen und zuzuordnen, ist eine der primären Aufgaben der Prozesskostenrechnung.

   An die „cost driver" werden Anforderungen gestellt:

   - einfache Ableitbarkeit aus den verfügbaren Informationsquellen
   - Proportionalität zur Beanspruchung der Ressourcen
   - Durchschaubarkeit und Verständlichkeit.

   Für den Vertrieb können z. B. Kundenaufträge, Zollsendungen, Rechnungen, Retourausgänge oder Frachtbriefe „cost driver" darstellen.

4. An die Bestimmung der „cost driver" schließt sich die *Verteilung der entsprechenden Kosten auf die Kostenstellen* an. Prozesskosten stellen die zu einer bestimmten Prozessmenge gehörigen Kosten der genutzten bzw. verbrauchten Kapazitäten dar. Um später die Prozesskostensätze ermitteln zu können, müssen die Kosten zunächst zugeordnet werden. Das geschieht in der Weise, dass die differenzierten Kostenarten einer Kostenstelle auf die dort ablaufenden Prozesse verteilt werden.

5. Die Kalkulation der Prozesskosten erfolgt durch die Bestimmung des *Prozesskostensatzes.* Dieser lässt sich auf folgende Weise ermitteln:[2]

$$\text{Prozesskostensatz} = \frac{\text{lmi-Prozesskosten (z. B. „Angebote bearbeiten")}}{\text{Prozessmenge (z. B. „Anzahl der Angebote")}}$$

   Die leistungsmengenneutralen Positionen werden als Grundlast der Kostenstelle verrechnet oder über eine Zeiterfassung anteilig auf die leistungsmengeninduzierten Prozesse umgelegt. Die Beziehung zwischen den Prozessmengen und den anfallenden Kosten für die vorhandenen Prozesskapazitäten wird mithilfe der Kostentreiber bewerkstelligt.

1 Im Gegensatz dazu stehen die **leistungsmengenneutralen (lmn) Prozesse,** die keine proportionalen Kosten verursachen.

2 Speth: Betriebswirtschaft mit Rechnungswesen/Controlling für das Fachgymnasium Wirtschaft, Rinteln: 5. Auflage 2009.

Grundzüge der Prozesskostenrechnung

6. Die *Erstellung einer Prozesskalkulation* dient der Ermittlung der Selbstkosten (Stückkosten). Das Grundschema der differenzierten Zuschlagskalkulation wird dann z. B. so modifiziert:

Prozesskostenkalkulation				
	Menge	**Wert**		
Materialeinzelkosten				
+ Materialprozesskosten				
+ Rest-Materialgemeinkosten				
= Materialkosten				
Fertigungseinzelkosten + Maschinenstundensatz				
+ Fertigungsprozesskosten				
+ Rest-Fertigungsgemeinkosten + Sondereinzelkosten der Fertigung				
= Fertigungskosten				
Herstellkosten (Materialkosten) + Fertigungskosten				
= Verwaltungsgemeinkosten				
+ Vertriebsprozesskosten				
+ Rest-Vertriebsgemeinkosten				
+ Sondereinzelkosten des Vertriebs				
= Selbstkosten (Stückkosten)				

Grundzüge der Prozesskostenrechnung

Zusammenfassung mit Kartenmethoden

PB 17

Arbeitsauftrag

1. Sortieraufgabe: Begriffskarten werden individuell nach „weiß ich" und „weiß ich nicht" geordnet.
2. Strukturlegen: Begriffskarten werden in eine sinnlogische Struktur gelegt.[1]
3. Erklären Sie kurz mit eigenen Worten jeden Begriff.

Allianz	
Strategische Allianz	
Horizontale Allianz	
Vertikale Allianz	
Joint Venture	
Konzentration	
Outsourcing	
Prozesskosten	
Allokationseffekt	
Komplexitätseffekt	
Kostentreiber	
Degressionseffekt	
Leistungsmengeninduzierte Prozesse	
Leistungsmengenneutrale Prozesse	
Prozesskostenansatz	

1 Jede Struktur ist individuell, fachliche Fehler aufgrund falscher Verknüpfung können erkannt und korrigiert werden.

Arbeitspaket 6: Wertmanagement

Arbeits- und Zeitplan

Thema: Vertrieb

1. Was wollen wir erreichen? Welches Produkt soll am Ende der Themenbearbeitung stehen?

Das Unternehmen auf eine gute finanzielle Basis stellen

2. Was ist zu tun?	von wem?	bis wann?	✓?
2.1 Änderung der Rechtsform (von GmbH in AG)	GF, BG, BR		
2.2 Finanzierungsalternativen prüfen	GF, BG, BR		
2.3 Mitarbeiterbeteiligung prüfen	GF, BG, BR		
2.4 Personalabbau durch Standortaufgabe prüfen	GF, BG, BR		
2.5 Problem Interessenkonflikt (Stakeholder - Shareholder)	GF, BG		
2.6 Vergleich mit UN aus der Realität/Praxis			

3. Was brauchen wir für unsere Arbeit?

Workshop | Arbeitspaket 1 | Arbeitspaket 2 | Arbeitspaket 3 | Arbeitspaket 4 | Arbeitspaket 5 | Arbeitspaket 6 | Arbeitspaket 7 | Abschluss

15 Korte - ISBN 978-3-8120-1029-0

Ausgangssituation

Mitarbeiterbeteiligung

AB 31

Im Hinblick auf die Finanzierung des Unternehmens muss jetzt über die Problematik der in dem Unternehmen ruhenden Gesellschafter- bzw. Mitarbeiterdarlehen diskutiert werden.

Da Herr Wenger zum Ablauf des Geschäftsjahres 20xx das Unternehmen verlassen will und dann auch seine Einlage dem Unternehmen nicht mehr zur Verfügung steht, muss diese Finanzierungslücke geschlossen werden. Aufgrund der in der Ausgangssituation dargestellten finanziellen Situation (Bilanz und GuV-Rechnung von 20xx) ergibt sich folgender Finanzierungsbedarf für das Unternehmen. Es kann zum jetzigen Zeitpunkt davon ausgegangen werden, dass die bereits aufgelaufenen Verluste zum Jahresende wieder deutlich reduziert werden.

Aus diesem Grund stellt sich der Investitionsbedarf wie folgt dar:[1]

I. Mittelbedarf	3836000,00 EUR
II. Mittelherkunft	
➢ Festgeldauflösung	1400000,00 EUR
➢ Mitarbeiterbeteiligung bzw. Aufnahme neuer Gesellschafter	250000,00 EUR
III. Finanzierungsbedarf	2186000,00 EUR

Die Finanzierung könnte sich nach Herrn Hansen folgendermaßen darstellen:

- Umwandlung der GmbH in eine AG, um damit kleinere Kapitaleinlagen zu ermöglichen.
- Aufnahme eines Hausbankdarlehens mit einer Laufzeit von acht Jahren.
- Anteilige Umwandlung des Kontokorrents in ein langfristiges Darlehen.
- Liquiditätssicherung durch Tilgungsaussetzung der Darlehen.
- Möglichkeit der Mitarbeiterbeteiligung.
- Einsparungen durch Verzichtsmaßnahmen des Personals (200000,00 EUR) wie:
  - Variabilisierung des 13. Gehaltes, welches gewinnabhängig zu vergüten ist.
  - Überprüfung und Vereinbarung der Anpassung diverser Gehälter an Marktgegebenheiten.
  - Aufbau eines Stundenkontos, das eine Flexibilisierung der Überstunden mit bis zu 200 Stunden erlaubt.
  - Entlassung durch die Schließung einer Niederlassung.

Nachdem die SWI Schweißtechnik GmbH ihren Kapitalbedarf mit 2,186 Mio. EUR festgelegt hat, soll zuerst die Umwandlung des Kontokorrents in ein langfristiges Darlehen umgesetzt werden.

1 Mögliche Wiederholung: Berechnung des Kapitalbedarfs.

Arbeitsauftrag

1. Prüfen Sie die Möglichkeit, die Rechtsform der SWI Schweißtechnik GmbH zu verändern, um damit das Finanzierungsproblem der GmbH zu lösen. Diskutieren Sie den Vorschlag von Herrn Hansen, die Mitarbeiter am Unternehmen zu beteiligen. Klären Sie in diesem Zusammenhang mögliche Formen einer Mitarbeiterbeteiligung. Nutzen Sie Ihr Schulbuch und machen Sie eine Internetrecherche.
2. Nehmen Sie zu dem Vorschlag, Einsparungen durch Verzichtsmaßnahmen der Mitarbeiter zu finanzieren, kritisch Stellung. Lässt sich diese Maßnahme mit der Unternehmensphilosophie vereinbaren? Gehen Sie dabei auf aktuelle Praxisbeispiele ein.
3. Entscheiden Sie, unter Zuhilfenahme Ihres Schulbuches,[1] welche Kreditarten für die geplante Umwandlung des Kredits in Frage kommen.
4. Herr Stamm hat einen Beratungstermin bei seinem Kreditsachbearbeiter vereinbart. Stellen Sie für diesen Beratungstermin die erforderlichen Unterlagen und Daten zusammen.
5. Im Rahmen des Kreditberatungsgesprächs mit dem Kreditsachbearbeiter hat Herr Stamm folgende Angebote für den Kredit erhalten.[2]

Angebot 1	Angebot 2	Angebot 3
Laufzeit: 8 Jahre Zinssatz: 6,5 % Tilgung: jährlich nachträglich Feste Annuität Disagio: 5 %	Kreditsumme: 960 000,00 EUR Laufzeit: 8 Jahre Zinssatz: 7,0 % Tilgung: am Ende der Laufzeit in einer Summe	Kreditsumme: 960 000,00 EUR Laufzeit: 8 Jahre Zinssatz: 7,2 % Tilgung: 120 000,00 EUR jährlich

- Zeigen Sie die Unterschiede der drei Angebote hinsichtlich der Zins- und Tilgungsraten auf. (Nutzen Sie PB 18)
- Stellen Sie einen Zins- und Tilgungsplan für die drei Angebote auf.
- Welches Angebot sollte die SWI Schweißtechnik GmbH hinsichtlich Ihrer finanziellen Situation auswählen? Begründen Sie Ihre Entscheidung.
- Die Hausbank verlangt zur Absicherung des Kredits eine Sicherungsübereignung. Informieren Sie sich über diese Kreditsicherheit.
- Geben Sie hierbei die Rechtsstellung der beteiligten Vertragspartner an.
- Wie wird die Sicherungsübereignung durchgeführt? Gehen Sie hierbei näher auf die „Individualisierung" ein.
- Stellen Sie in einer Übersicht die Vorteile für den Kreditgeber und die SWI Schweißtechnik GmbH dar.
- Welche Risiken sind mit der Sicherungsübereignung aus Sicht der Bank verbunden? Wie können diese Risiken gemindert werden?

Hinweis: Die Angebotsübersicht finden Sie auf der nachfolgenden Seite!

1 z. B. Speth (Hrsg.): Betriebswirtschaft mit Rechnungswesen | Controlling, Band 2, Merkur Verlag Rinteln, ISBN 978-3-8120-0537-1, S. 210 ff.

2 Mögliche Wiederholung:
- siehe „Prozesse der Investition und Finanzierung" in Korte: Konzepte der Kosten- und Leistungsrechnung, Investition und Finanzierung, Merkur Verlag Rinteln, ISBN 978-3-8120-1028-3.
- Aufgabe aus Arbeitskreis Weser-Ems Fachgymnasium BRC 2002/03 (unveröffentlicht).

Angebotsübersicht

PB 18

Angebot	1			2		3	
	Zinssatz 6,5 %			Zinssatz 7 %		Zinssatz 7,2 %	
	Annuitätendarlehen			**Fälligkeitsdarlehen**		**Ratentilgungsdarlehen**	
Jahr	**Annuität**	**Zinsen**	**Tilgung**	**Zinsen**	**Tilgung**	**Zinsen**	**Tilgung**
1							
2							
3							
4							
5							
6							
7							
8							
Summe							
Ergebnis							

Ausgangssituation

Shareholder-Value

AB 32

Aussagen von Herrn Stamm während einer Gesellschafterversammlung zum Tagesordnungspunkt: Wertsteigerung des Unternehmens.

Herr Stamm: „Wir haben uns in den letzten Wochen von alten Strukturen gelöst und sehen in den neuen Strategien und Zielen Chancen, uns in Zukunft erfolgreich am Markt behaupten zu können. Meines Erachtens müssen wir aber noch einen Schritt weitergehen. Durch die Veränderung der Rechtsform von einer GmbH in eine AG ist es uns gelungen, auch einige Mitarbeiter an unserem Unternehmen zu beteiligen. Es muss jetzt verstärkt darauf geachtet werden, dass das zur Verfügung gestellte Kapital sich im Unternehmen für die Aktionäre rentiert. Auch ist es wichtig, für die ehemaligen Gesellschafter – jetzt Aktionäre – ein Mindesteinkommen zu gewähren. Dieses Einkommen besteht in der Wertsteigerung des Anteils und in den tatsächlich ausgezahlten Gewinnanteilen."

Herr Wenger: „Ich beabsichtige zum Ende meiner aktiven Tätigkeit hier im Unternehmen meine Aktienanteile aus dem Unternehmen zu ziehen. Könnten Sie mir eine Perspektive bieten, die Anteile hier im Unternehmen zu belassen? Bei einer guten Rendite könnte ich mir durchaus vorstellen, statt mein Geld in Fonds oder Aktien anzulegen, hier weiterhin im Unternehmen zu investieren. Ich bin auch der Meinung, dass es endlich Zeit wird, die Interessen der Anteilseigner mehr in den Mittelpunkt von unternehmerischen Entscheidungen zu rücken. Außerdem finde ich, dass ohnehin das 1. Ziel sein sollte, den Anteilseignern eine angemessene Verbesserung der Rentabilität zu gewährleisten."

Herr Stamm: „Herr Hansen, Sie als Unternehmensberater können sicherlich einiges dazu sagen."

Herr Hansen hat dazu einen Vortrag vorbereitet:

> „Wertorientierung hat in den letzten Jahren in der betrieblichen Praxis an Bedeutung gewonnen. Wertorientierte Unternehmensmodelle und Spitzenkennzahlen haben auch in zahlreichen deutschen Unternehmen Einzug gehalten. Damit ist jedoch die erforderliche Umsetzung der wertorientierten Strategie bis in die operativen Ebenen und das Auffinden von relevanten Werthebeln noch nicht gelungen. Auf der anderen Seite hat sich das Instrument der „Balanced Scorecard" zur Strategieumsetzung etabliert. Wie es in den nächsten Wochen hier erfolgreich umgesetzt werden soll.[1]
>
> Wertmanagement (auch Shareholder-Value, Value Based Management) ist ein Ansatz, der die Quellen und den Umfang der Wertveränderungen im Unternehmen identifiziert und eine verbesserte Entscheidungsfindung und Leistungsmessung auf allen Ebenen des Unternehmens anstrebt. Der Schwerpunkt liegt dabei nicht in den Rechenverfahren, sondern in der Konzentration der Aktivitäten auf die wertbestimmenden Faktoren eines Unternehmens. Hierfür sind abgestimmte Ziele und Kriterien für den Ressourceneinsatz sowie ein transparentes Instrumentarium und eine konsequente Führung erforderlich.[2] D.h. unter Shareholder-Value versteht man den Wert eines Unternehmens für seine Eigentümer bzw. unter Shareholder-Value Management bedeutet eine Unternehmensführung, die unternehmerische Entscheidungen am Eigentümerwert ausrichtet."

1 Vgl. Voggenreiter, D. und Jochen, M.: „Der kombinierte Einsatz von Wertmanagement und Balanced Scorecard" erschienen in Controlling, Verlag C.H. Beck, Vahlen 11/2002, überreicht durch Horvath & Partner.

2 Ebd.

Aktuelle Unternehmensstrategien im globalen Wettbewerb

Herr Stamm: „Wertmanagement, Shareholder-Value, usw. da soll sich noch einer auskennen! Das ging mir jetzt alles ein wenig zu schnell! Herr Müsing, Sie als unser kaufmännischer Leiter erstellen bitte bis zur nächsten Vorstandssitzung ein Diskussionspapier zu diesem Thema."

Arbeitsauftrag

1. Erstellen Sie stellvertretend für Herrn Müsing das von Herrn Stamm geforderte Diskussionspapier und berücksichtigen Sie dabei folgende Fragen[1]:
   - Was ist unter Shareholder-Value zu verstehen? Nutzen Sie auch Ihr Schulbuch[2] und IB 45.
   - Was ist unter Wertmanagement zu verstehen?
   - Welche Ziele verfolgen die Anspruchsgruppen allgemein und in der SWI Schweißtechnik AG?
   - Welche Vor- und Nachteile bietet der Shareholder-Value-Ansatz?
   - Analysieren und beurteilen Sie den „Fall Nokia".[3]
2. Schlagen Sie eine mögliche Strategie für die SWI Schweißtechnik AG vor.

IB 42 - IB 45

1 mithilfe des Internets oder der Informationsblätter 42–45.

2 z. B. Speth (Hrsg.): Betriebswirtschaft mit Rechnungswesen/Controlling, Band 3, Merkur Verlag Rinteln, ISBN 978-3-8120-0540-1, S. 177 ff.

3 Siehe IB 44.

Advanced Organizer:

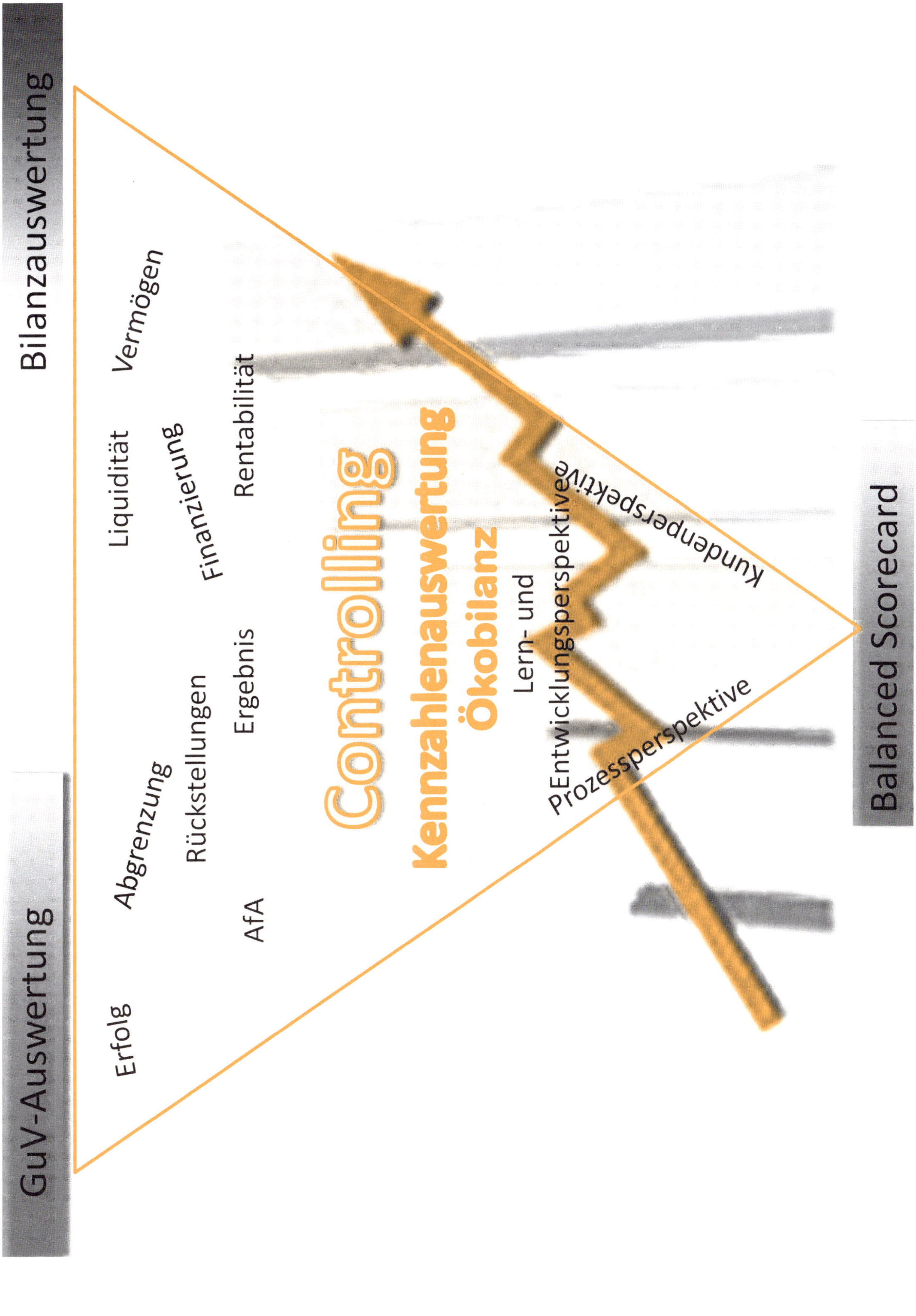

Entwicklung und Umsetzung von Strategien als Möglichkeit der Unternehmenssteuerung

Arbeitspaket 7: Controlling und Unternehmenssteuerung

Arbeits- und Zeitplan

Thema: Controllingsystem

1. Was wollen wir erreichen? Welches Produkt soll am Ende der Themenbearbeitung stehen?

Aufbau eines aussagefähigen Controllingsystems

2. Was ist zu tun?	von wem?	bis wann?	✓?
2.1 Aufbau eines Systems (Grundidee, Leitbilder, Ziele und Aufgaben des Controllings)	*GF, BG, BR*		
2.2 Strategisches Controlling und Management der Erfolgsfaktoren	*GF, BG, BR*		
2.3 Aktuelle Kennzahlen und Kennzahlensysteme	*GF, BG, BR*		
2.4 Ökobilanz	*GF, BG, BR*		
2.5 Balanced Scorecard	*GF, BG, BR*		
2.6 Vorbereitung einer Review-Veranstaltung	*GF, BG*		
2.7 Vergleich mit UN aus der Realität/Praxis	*GF, BG*		

3. Was brauchen wir für unsere Arbeit?

Entwicklung und Umsetzung von Strategien als Möglichkeit der Unternehmenssteuerung

Ausgangssituation

Einführung Controlling

AB 33

Die Betreuung von Hansen & Partner im Unternehmen SWI Schweißtechnik AG geht in die Endphase. Viele Arbeitspakete sind bereits erfolgreich umgesetzt. Herr Hansen und Herr Stamm wollen die Ziele für das kommende Geschäftsjahr formulieren. Dabei ist es Herrn Hansen sehr wichtig, dass diese Ziele konkret formuliert werden, um sie auch überprüfen zu können. Herr Stamm möchte innerhalb des nächsten Jahres den Umsatz und den Gewinn um mindestens 10 % steigern. Auch sollen durch die Einführung der Prozesskostenrechnung und die Umstrukturierung im Vertrieb die Kosten nachhaltig gesenkt werden. Durch die Aktivitäten im Ausland will er eine bessere Auslastung der Maschinen und eine höhere Produktivität erreichen.

Durch Erstellung grundlegender Informationen der ökologischen Aktivitäten des Unternehmens soll das Engagement für nachhaltiges Wirtschaften der SWI Schweißtechnik AG erfasst werden. Von großem Nutzen könnte eine anschließende Bewertung der betrieblichen Tätigkeiten unter Umweltgesichtspunkten hinsichtlich Entscheidungen in Bezug auf Beschaffung, Produktion und Absatz sein.

Durch die Umwandlung der kurzfristigen Liefererschuld in ein langfristiges Darlehen konnte sich die Liquidität positiv verändern. Das Kapital von Herrn Wenger bleibt vorerst für weitere fünf Jahre im Unternehmen.

Um diese Ziele quantifizieren zu können, müssen abgesicherte Daten für das Unternehmen zusammengestellt werden. Bis jetzt wurden nur wenige Kennzahlen zur Analyse erstellt. Die Zahlen sind vergangenheits- und nahezu ausschließlich kostenorientiert. Herr Hansen ist damit nicht zufrieden, weil ihm Informationen fehlen, um die Hausbank von der Gewährung eines Darlehens für die Gewinnung von Neukunden auf dem asiatischen Markt zu überzeugen. Nach Umstellung des Managements muss auch das Controlling der SWI Schweißtechnik AG eine Hilfestellung bieten, um strategische Entscheidungen für das Unternehmen möglich zu machen.

Nach langen Gesprächen der Geschäftsführung mit Herrn Hansen werden folgende Maßnahmen formuliert:

1. Aufbau eines effektiven und zukunftsorientierten Controllings, um den Anforderungen der veränderten Wettbewerbsanforderungen zu genügen.
2. Erstellung einer Ökobilanz.
3. Auswertung von aktuellen Kennzahlen und Kennzahlensystemen.

Ihre Gruppe agiert als Mitarbeiter der SWI Schweißtechnik AG. Herr Hermes erhält von Herrn Müsing den Auftrag, die finanzielle und ertragswirtschaftliche Lage des Unternehmens zu analysieren und Ihre Ergebnisse auf der geplanten Sitzung der Geschäftsleitung mit folgenden Tagesordnungspunkten vorzustellen.

TOP 1 Ziele und Aufgaben eines modernen Controllings unter Verwendung von EBITDA, ROI, EBIT

TOP 2 Aufbau einer Ökobilanz

TOP 3 Aufbau einer Balanced Scorecard

16 Korte - ISBN 978-3-8120-1029-0

Entwicklung und Umsetzung von Strategien als Möglichkeit der Unternehmenssteuerung

Um sich in die Bilanzanalyse einzuarbeiten, besucht Herr Hermes eine Fortbildung zum Bilanzbuchhalter. Hier wird die Thematik zuerst anhand einer einfachen Bilanz erarbeitet:

A **Bilanz Meyer AG** **P**

Geschäftsjahr	Berichtsjahr 01	Vorjahr 02	Geschäftsjahr	Berichtsjahr 01	Vorjahr 02
Sachanlagen	46 062,00 EUR	39 566,00 EUR	Gezeichnetes Eigenkapital	25 900,00 EUR	25 900,00 EUR
Finanzanlagen	5 292,00 EUR	5 232,00 EUR	Kapitalrücklagen/Gewinnvortrag	19 550,00 EUR	5 778,00 EUR
Vorräte	55 882,00 EUR	68 224,00 EUR	Jahresüberschuss[1]/-fehlbetrag	– 5 820,00 EUR	6 850,00 EUR
Forderungen	36 654,00 EUR	38 576,00 EUR	Verbindlichk. geg. Kreditinstituten (Laufzeit über 1 Jahr)	33 906,00 EUR	29 562,00 EUR
Liquide Mittel	2 568,00 EUR	2 494,00 EUR	Verbindlichk. geg. Kreditinstituten (Laufzeit bis 1 Jahr)	29 766,00 EUR	33 886,00 EUR
Sonstiges Umlaufvermögen	9 638,00 EUR	13 990,00 EUR	Pensionsrückstellungen	19 154,00 EUR	21 588,00 EUR
			Sonstige Rückstellungen	11 706,00 EUR	19 206,00 EUR
			Verbindlichkeiten a. L. u. L.	8 300,00 EUR	11 410,00 EUR
			Sonstige Verbindlichkeiten	13 634,00 EUR	13 902,00 EUR
	156 096,00 EUR	**168 082,00 EUR**		**156 096,00 EUR**	**168 082,00 EUR**

Verkürztes GuV-Konto der Meyer AG	**Berichtsjahr 01**	**Vorjahr 02**
Umsatzerlöse	215 006,00 EUR	250 216,00 EUR
Fremdkapitalzinsen	5 110,00 EUR	5 178,00 EUR
Außerordentliche Aufwendungen	316,00 EUR	308,00 EUR
Außerordentliche Erträge	–	–
Abschreibungen	9 000,00 EUR	9 682,00 EUR
Erhöhung/Verminderung der langfr. Rückstellung	–	1 172,00 EUR
Jahresüberschuss	– 5 820,00 EUR	6 850,00 EUR

Hinweis:

Werte für die Berechnung von Durchschnittswerten aus dem Vorjahr 03

- Eigenkapital: **29 818,00 EUR**
- Gesamtkapital: **149 238,00 EUR**

Arbeitsauftrag

1. Ermitteln und erläutern Sie die Bilanzkennzahlen der Vermögensstruktur, der Kapitalstruktur sowie die Finanzierungs- und Liquiditätskennzahlen. Ermitteln Sie anschließend die Rentabilität und den Cashflow. Benutzen Sie das PB 19 und PB 20.
2. Bereiten Sie den Tagesordnungspunkt 1 vor. Nutzen Sie die Vorlage (siehe IB 46–IB 51)

   Gehen Sie dabei auf folgende Punkte ein:

   2.1 Definieren Sie den Begriff „Controlling".

   2.2 Geben Sie einen Überblick über die Arten des Controllings.

   2.3 Unterscheiden Sie operatives und strategisches Controlling anhand von Merkmalen.[2]

1 Ohne Gewinnausschüttung (für das Berichtsjahr und für das Vorjahr).

2 Siehe z. B. Speth (Hrsg.): Betriebswirtschaft mit Rechnungswesen/Controlling, Band 3, Merkur Verlag, 2009, S. 206 ff.

Entwicklung und Umsetzung von Strategien als Möglichkeit der Unternehmenssteuerung

3. Bereiten Sie die Bilanzen des Berichtsjahres und des Vorjahres mithilfe des beiliegenden Aufbereitungsschemas auf (siehe IB 51).
4. Ermitteln und erläutern Sie die Bilanzkennzahlen der Vermögensstruktur, der Kapitalstruktur sowie die Finanzierungs- und Liquiditätskennzahlen.
5. Ermitteln und erläutern Sie die Rentabilität und den Cashflow. Begründen Sie, warum die Rentabilität auf das am Anfang des Jahres eingesetzte Kapital berechnet werden.
6. Analysieren Sie die Jahresabschlüsse der Unternehmen der SWI Schweißtechnik AG mithilfe der ermittelten Kennzahlen und vergleichen Sie diese auch mit den vorliegenden Branchendurchschnittswerten (siehe IB 50), indem Sie die folgenden Fragen beantworten:
   6.1 Wie haben sich die Kennziffern vom Vorjahr zum Berichtsjahr entwickelt?
   6.2 Worauf kann die Entwicklung zurückzuführen sein?
   6.3 Wie ist die Entwicklung zu bewerten? (Nutzen Sie PB 21 und PB 22)
7. Erklären Sie folgende Begriffe:
   a) gezeichnetes Kapital
   b) Kapitalrücklage
   c) Gewinnrücklage
   d) Gewinnvortrag
8. Was sind stille Rücklagen bzw. stille Reserven und wie werden sie gebildet?
9. Wie beurteilen Sie die Entscheidung von Herrn Wenger, sein Kapital für weitere fünf Jahre im Unternehmen zu belassen? Welche Voraussetzungen müsste die SWI Schweißtechnik AG langfristig schaffen, damit er sein Eigenkapital – statt in eine sicherere Geldanlage bei der Hausbank – weiterhin dem Unternehmen zur Verfügung stellt und damit ein größeres finanzielles Risiko eingeht? Klären Sie in diesem Zusammenhang den Begriff **„Leverage-Effekt"**. Nutzen Sie Ihr Schulbuch[1] bzw. machen Sie eine Internetrecherche.
10. Schreiben Sie einen abschließenden Bericht für die Hauptversammlung entsprechend der Zielsetzung des Vorstandsvorsitzenden Stamm und präsentieren Sie Ihre Ergebnisse.

1 Speth (hrsg.): Betriebswirtschaft mit Rechnungswesen/Controlling, Band 3, Merkur Verlag Rinteln, ISBN 978-3-8120-0540-1, S. 230f.

ENTWICKLUNG UND UMSETZUNG VON STRATEGIEN ALS MÖGLICHKEIT DER UNTERNEHMENSSTEUERUNG

IB 46 Handout: Aufbau eines Controllings

Handout Papenburg, 10.02.20xx
J. Müsing
Kaufmännischer Leiter

Anlass: Aufbau eines effektiven und zukunftsorientierten Controllings

Tagesordnungspunkt 1:

- Ziele und Aufgaben eines modernen Controllings
- Auswertung der Bilanzanalyse im Vergleich zum Vorjahr
- Auswertung der Gewinn- und Verlustsituation unter Verwendung von EBIT, EBITDA und ROI

Maßnahme 1:

Auswertung von aktuellen Kennzahlen und Kennzahlensystemen

IB 47 Bilanz vom Vorjahr

Aktiva — **Bilanz der SWI Schweißtechnik AG vom Vorjahr**[1] — Passiva

Aktiva		Passiva	
A) Anlagevermögen		**A) Eigenkapital**[2]	
I. Immaterielle Vermögensgegenst.	605 000,00 EUR	*I. Gezeichnetes Kapital*	1 000 000,00 EUR
II. Sachanlagen		*II. Kapitalrücklage*	540 340,00 EUR
1. Grundstücke und Bauten	2 330 000,00 EUR	*III. Gewinnrücklagen*	650 000,00 EUR
2. Techn. Anl. und Maschinen	1 291 130,00 EUR	*IV. Gewinnvortrag*	705 000,00 EUR
3. Andere Anlagen und BGA	574 740,00 EUR	*V. Jahresüberschuss*[3]	179 232,00 EUR
III. Finanzanlagen		**B) Rückstellungen**[4]	
2. Wertpapiere des AV	26 900,00 EUR	1. Rückstellungen für Pensionen[5]	456 250,00 EUR
B) Umlaufvermögen		2. Steuerrückstellungen	243 000,00 EUR
I. Vorräte		3. Sonstige Rückstellungen	45 400,00 EUR
1. Roh-, Hilfs- und Betriebsstoffe	534 530,00 EUR	**C) Verbindlichkeiten**	
2. Unfertige Erzeugnisse	403 542,00 EUR	1. Verb. geg. Kreditinstituten	2 686 856,00 EUR
3. Fertige Erzeugnisse	860 890,00 EUR	2. Verb. a. Lief. u. Leist.	756 840,00 EUR
II. Ford. und sonstige Verm.-Geg.		3. Kurzfr. Verb. geg. Kreditinstituten	234 000,00 EUR
1. Forderungen a. Lief. u. Leist.	232 937,00 EUR	**D) Rechnungsabgrenzungsposten**	
III. Flüssige Mittel	432 200,00 EUR	1. Sonstige	119 951,00 EUR
C) Rechnungsabgrenzungsposten			
1. Sonstige	325 000,00 EUR		
	7 616 869,00 EUR		7 616 869,00 EUR

1 Auf die Unterschiede in der GmbH und AG wird hier nicht näher eingegangen.
2 Werte für die Berechnung von Durchschnittswerten aus dem Vorjahr 03: EK: **3 578 000,00 EUR**, GK: **7 145 324,00 EUR**.
3 Jahresüberschuss wird nicht ausgeschüttet.
4 Pensionsrückstellungen langfristig und Steuer- und Sonstige Rückstellungen kurzfristig.
5 Erhöhung der Rückstellungen Vorjahr 02 **14.000,00 EUR**.

IB 48

Bilanz am Ende des Berichtsjahres

Bilanz der SWI Schweißtechnik AG am Ende des Berichtsjahres

Aktiva	
A) Anlagevermögen	
I. Immaterielle Vermögensgegenst.	605 000,00 EUR
II. Sachanlagen	
1. Grundstücke und Bauten	2 330 000,00 EUR
2. Techn. Anl. und Maschinen	2 170 900,00 EUR
3. Andere Anlagen und BGA	543 600,00 EUR
III. Finanzanlagen	
2. Wertpapiere des AV	73 500,00 EUR
B) Umlaufvermögen	
I. Vorräte	
1. Roh-, Hilfs- und Betriebsstoffe	657 300,00 EUR
2. Unfertige Erzeugnisse	210 470,00 EUR
3. Fertige Erzeugnisse	870 430,00 EUR
II. Ford. und sonstige Verm.-Geg.	
1. Forderungen a. Lief. u. Leist.	947 500,00 EUR
III. Flüssige Mittel	135 700,00 EUR
C) Rechnungsabgrenzungsposten	
1. Sonstige	316 000,00 EUR
	8 860 400,00 EUR

Passiva	
A) Eigenkapital	
I. Gezeichnetes Kapital	1 800 000,00 EUR
II. Kapitalrücklage	465 000,00 EUR
III. Gewinnrücklagen	185 000,00 EUR
IV. Gewinnvortrag	66 200,00 EUR
V. Jahresüberschuss[1]	27 800,00 EUR
B) Rückstellungen[2]	
1. Rückstellungen für Pensionen	556 250,00 EUR
2. Steuerrückstellungen	34 600,00 EUR
3. Sonstige Rückstellungen	157 000,00 EUR
C) Verbindlichkeiten	
1. Verb. geg. Kreditinstituten	3 970 000,00 EUR
2. Verb. a. Lief. u. Leist.	712 350,00 EUR
3. Kurzfr. Verb. geg. Kreditinstituten	794 200,00 EUR
D) Rechnungsabgrenzungsposten	
1. Sonstige	92 000,00 EUR
	8 860 400,00 EUR

1 Jahresüberschuss wird nicht ausgeschüttet.

2 Pensionsrückstellungen langfristig und Steuer- und Sonstige Rückstellungen kurzfristig.

Entwicklung und Umsetzung von Strategien als Möglichkeit der Unternehmenssteuerung

GuV-Rechnung im Vergleich (Berichtsjahr – Vorjahr)

IB 49

Gewinn- und Verlustrechnung der SWI Schweißtechnik AG

Gesamtkostenverfahren (§ 275 Abs. 2 HGB)		Berichtsjahr	Vorjahr
1.	Umsatzerlöse	7 855 000,00 EUR	4 700 000,00 EUR
2.	Erhöhung des Bestandes an fertigen Erzeugnissen	106 739,00 EUR	2 283 675,00 EUR
3.	andere aktivierte Eigenleistungen	28 100,00 EUR	30 000,00 EUR
4.	sonstige betriebliche Erträge	119 600,00 EUR	85 000,00 EUR
5.	Materialaufwand		
	a) Aufwendungen für Roh-, Hilfs- und Betriebsstoffe	3 194 300,00 EUR	3 243 960,00 EUR
	b) Aufwendungen für bezogene Leistungen	706 478,00 EUR	376 000,00 EUR
6.	Personalaufwand		
	a) Löhne und Gehälter	2 011 800,00 EUR	1 479 242,00 EUR
	b) soziale Abgaben und Aufwendungen für Altersversorgung und Unterstützung	388 000,00 EUR	273 092,00 EUR
7.	Abschreibungen auf immaterielle Vermögensgegenstände des Anlagevermögens und Sachanlagen sowie auf aktivierte Aufwendungen. Für die Instandsetzung und Erweiterung des Geschäftsbetriebes	140 561,00 EUR	140 561,00 EUR
8.	sonstige betriebliche Aufwendungen	370 000,00 EUR	162 000,00 EUR
9.	Erträge aus Beteiligungen	0,00 EUR	0,00 EUR
10.	Erträge aus Wertpapieren und Ausleihungen des Finanzanlagevermögens	1 750,00 EUR	13 500,00 EUR
11.	sonstige Zinsen und ähnliche Erträge	102 000,00 EUR	36 450,00 EUR
12.	Abschreibungen auf Finanzanlagen und auf Wertpapiere des Umlaufvermögens	5 320,00 EUR	8 240,00 EUR
13.	Zinsen und ähnliche Aufwendungen	628 570,00 EUR	532 540,00 EUR
14.	Ergebnis der gewöhnlichen Geschäftstätigkeit	768 160,00 EUR	932 990,00 EUR
15.	Außerordentliche Erträge	22 320,00 EUR	42 000,00 EUR
16.	Außerordentliche Aufwendungen	87 430,00 EUR	36 450,00 EUR
17.	Außerordentliches Ergebnis	703 050,00 EUR	938 540,00 EUR
18.	Steuern von Einkommen und vom Ertrag	377 992,00 EUR	480 856,00 EUR
19.	Sonstige Steuern	297 258,00 EUR	278 452,00 EUR
20.	Jahresüberschuss	27 800,00 EUR	179 232,00 EUR

IB 50

Branchendurchschnittswerte[1]

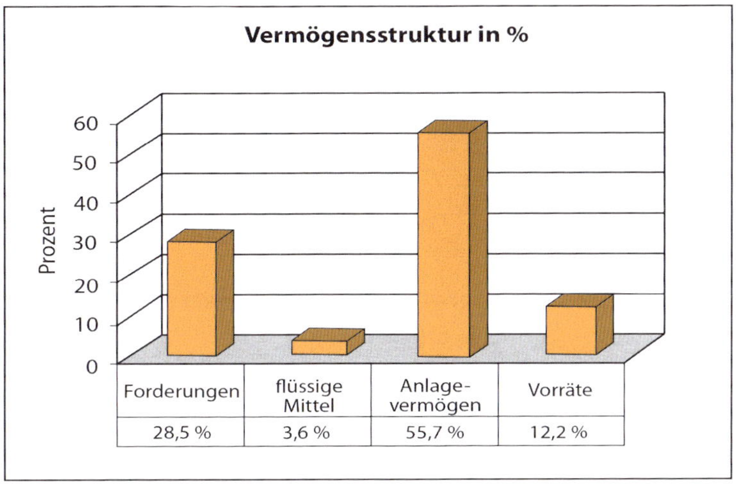

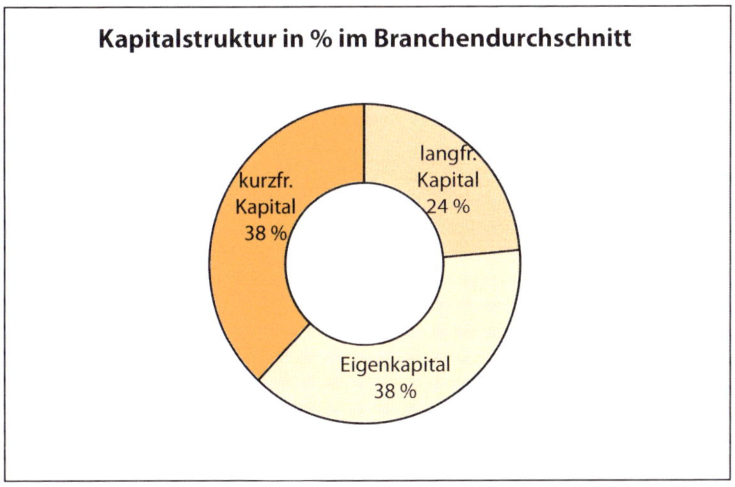

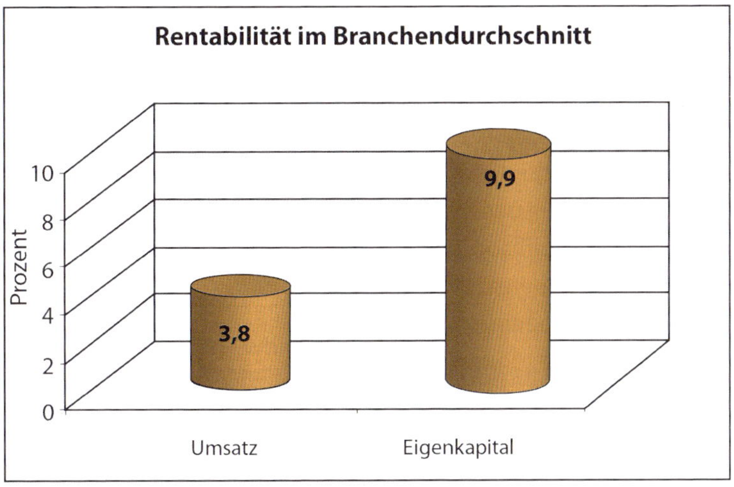

1 In Anlehnung an: www.bundesbank.de, Werte, Sonderveröffentlichung der Deutschen Bundesbank.

Entwicklung und Umsetzung von Strategien als Möglichkeit der Unternehmenssteuerung

Beachten Sie bei der Bilanzaufbereitung folgende Grundsätze:

- Alle Werte sind auf volle Tausend oder Mio. Euro zu runden.
- Aktive Rechnungsabgrenzungsposten werden den kurzfristigen Forderungen zugeordnet.
- Pensionsrückstellungen sind langfristig
- Passive Rechnungsabgrenzungsposten werden den kurzfristigen Verbindlichkeiten zugeordnet.
- Der Jahresüberschuss, der als Dividende ausgeschüttet wird, wird den kurzfristigen Verbindlichkeiten zugeordnet.
- Die Bilanzposten sind nicht nur in absoluten Zahlen darzustellen, sondern auch in Prozentzahlen.

Bilanzaufbereitung zur Auswertung des GuV-Kontos

IB 51

Aufbereitungsschema[1]

AKTIVA	Berichtsjahr		Vorjahr	
	in TEUR	in %	in TEUR	in %
Anlagevermögen				
Umlaufvermögen ➢ Vorräte ➢ Forderungen[2] ➢ Flüssige Mittel				
Umlaufvermögen				
Gesamtvermögen				

PASSIVA	Berichtsjahr		Vorjahr	
	in TEUR	in %	in TEUR	in %
Eigenkapital[3]				
Fremdkapital ➢ lang- und mittelfristiges Fremdkapital[4] ➢ kurzfristiges Fremdkapital[5]				
Rechnungsabgrenzung				
Zwischensumme Fremdkapital				
Gesamtvermögen		100		100

1 Vgl. Meffle, G. u. a.: Das Rechnungswesen der Unternehmung als Entscheidungsinstrument, Band 1, S. 519.

2 + ARA.

3 Gezeichnetes Kapital + Kapitalrücklage + Gewinnrücklage abzüglich Ausschüttung.

4 + Pensionsrückstellungen.

5 + PRA; **keine** Dividendenausschüttung.

ENTWICKLUNG UND UMSETZUNG VON STRATEGIEN ALS MÖGLICHKEIT DER UNTERNEHMENSSTEUERUNG

Bilanzanalyse

PB 19

Aufbereitete Bilanzen = Strukturbilanz für die Meyer AG

Geschäftsjahr	Berichtsjahr 01		Vorjahr 02	
Aktiva	**in EUR**	**in %**	**in EUR**	**in %**
A. Anlagevermögen				
Sachanlagen				
Finanzanlagen				
Summe des Anlagevermögens				
B. Umlaufvermögen				
Vorräte				
Ford. und sonstige Verm.-Gegenst.				
Liquide Mittel				
Sonstiges Umlaufvermögen				
Summe des Umlaufvermögens				
Gesamtvermögen				

Geschäftsjahr	Berichtsjahr 01		Vorjahr 02	
Passiva	**in EUR**	**in %**	**in EUR**	**in %**
A. Eigenkapital				
Gezeichnetes Kapital				
Gewinnvortrag				
Jahresüberschuss				
Summe Eigenkapital				
B. Langfristiges Fremdkapital				
Verbindlichk. geg. Kreditinstitut				
Pensionsrückstellungen				
Summe langfristiges Fremdkapital				
C. Kurzfristiges Fremdkapital				
Verb. geg. Kreditinst., Laufz. bis 1 J.				
Sonstige Rückstellungen				
Verbindlichkeiten a. L. u. L.				
Sonstige Verbindlichkeiten				
Summe kurzfristige Verbindlichkeiten				
Gesamtkapital				

17 Korte - ISBN 978-3-8120-1029-0

ENTWICKLUNG UND UMSETZUNG VON STRATEGIEN ALS MÖGLICHKEIT DER UNTERNEHMENSSTEUERUNG

Bilanzauswertung

PB 20

Auswertung der Bilanz und des GuV-Kontos der Meyer AG[1]

Formel, Berechnung und Auswertung:	Berichtsjahr 01	Vorjahr 02
I. Auswertung der Bilanz		
1. Kennzahlen zur Kapitalverwendung (Vermögensstruktur)		
➢ **Anlagequote** oder **Anlagenintensität** $= \frac{\text{Anlagevermögen} \cdot 100}{\text{Gesamtvermögen}}$ =		
➢ **Umlaufquote** oder **Umlaufintensität** $= \frac{\text{Umlaufvermögen} \cdot 100}{\text{Gesamtvermögen}}$ =		
➢ **Vorratsquote** oder **Vorratsintensität** $= \frac{\text{Vorratsvermögen} \cdot 100}{\text{Gesamtvermögen}}$ =		
➢ **Forderungsintensität** $= \frac{\text{Forderungen a.L.u.L.} \cdot 100}{\text{Gesamtvermögen}}$ =		
Auswertung		

1 Vgl. Speth: Betriebswirtschaft mit Rechnungswesen|Controlling für das Wirtschaftsgymnasium, Band 3, S. 169 ff. und Band 3, S. 225 ff.

ENTWICKLUNG UND UMSETZUNG VON STRATEGIEN ALS MÖGLICHKEIT DER UNTERNEHMENSSTEUERUNG

Formel, Berechnung und Auswertung:	Berichtsjahr 01	Vorjahr 02
2. Kennzahlen zur Kapitalaufbringung (Kapitalstruktur)		
➢ **Eigenkapitalquote** oder **Grad der finanziellen Unabhängigkeit** $= \frac{\text{Eigenkapital} \cdot 100}{\text{Gesamtkapital}}$ =		
➢ **Verschuldungsgrad** oder **Fremdkapitalquote** $= \frac{\text{Fremdkapital} \cdot 100}{\text{Eigenkapital}}$ oder $\frac{\text{Fremdkapital} \cdot 100}{\text{Gesamtkapital}}$ =		
Auswertung		
3. Anlagendeckung (Investierung)		
➢ **Deckungsgrad I** $= \frac{\text{Eigenkapital} \cdot 100}{\text{Anlagevermögen}^{1}}$ =		
➢ **Deckungsgrad II** $= \frac{(\text{Eigenkapital} + \text{langfr. Fremdkapital}) \cdot 100}{\text{Anlagevermögen}}$ =		
Auswertung		

1 Ggf. den Eisernen Bestand berücksichtigen.

Entwicklung und Umsetzung von Strategien als Möglichkeit der Unternehmenssteuerung

Formel, Berechnung und Auswertung:	Berichtsjahr 01	Vorjahr 02
4. Liquiditätskennzahlen		
➤ **Liquidität 1. Grades** oder **Barliquidität** $= \frac{\text{(Liquide Mittel)}^{1} \cdot 100}{\text{kurzfristiges Fremdkapital}}$ =		
➤ **Liquidität 2. Grades** oder **einzugsbedingte Liquidität** $= \frac{\text{monetäres Umlaufvermögen}^{2} \cdot 100}{\text{kurzfristiges Fremdkapital}}$ =		
➤ **Liquidität 3. Grades** oder **umsatzbedingte Liquidität** $= \frac{(\text{monetäres UV} + \text{Vorräte}) \cdot 100}{\text{kurzfristiges Fremdkapital}}$ =		
Auswertung		
II. Auswertung der Gewinn- und Verlustrechnung		
1. Rentabilität[3]		
Berechnung: Jahresüberschuss + außerordentliche Aufwendungen – außerordentliche Erträge = **bereinigter Jahresgewinn**		
➤ **Eigenkapitalrentabilität** $= \frac{\text{Bereinigter Jahresgewinn}^{4} \cdot 100}{\varnothing\ \text{Eigenkapital}^{5}}$ =		

1 Bank, Kasse, börsengängige Wertpapiere.

2 Forderungen a. L. u. L. + Liquide Mittel + Sonstiges UV (z. B. ARA und sonstige Forderungen) = Monetäres UV.

3 Bei Einzel- und Personengesellschaften ggf. (Jahresüberschuss – Unternehmerlohn) berücksichtigen.

4 Ggf. bereinigter Jahresüberschuss verwenden (Jahresüberschuss – außerordentliche Erträge + außerordentliche Aufwendungen).

5 Zur Berechnung des ∅ Eigenkapitals bitte Hinweis in der Ausgangssituation beachten, $\frac{(AB + EB)}{2}$.

Entwicklung und Umsetzung von Strategien als Möglichkeit der Unternehmenssteuerung

Formel, Berechnung und Auswertung:	Berichtsjahr 01	Vorjahr 02
➢ **Gesamtkapitalrentabilität** $= \frac{(\text{Bereinigter Jahresgewinn} + \text{Zinsen}) \cdot 100}{\varnothing\ \text{Gesamtkapital}^1}$ =		
➢ **Umsatzrentabilität** $= \frac{\text{Bereinigter Jahresgewinn} \cdot 100}{\text{Umsatz}}$ =		
Auswertung		
2. Cashflow		
Jahresüberschuss + Erhöhung der langfristigen Rückstellungen[2] − Auflösung der langfristigen Rückstellungen + Abschreibungen[3] − Zuschreibungen/Gewinnausschüttung = **Cashflow** **Cashflow-Umsatz-Relation** $= \frac{\text{Cashflow} \cdot 100}{\text{Umsatzerlöse}}$ =		
Auswertung		

1 Zur Berechnung des ∅ Gesamtkapitals bitte Hinweis in der Ausgangssituation beachten.

2 Erhöhung der Pensionsrückstellungen: Berichtsjahr 01: keine Veränderungen; Vorjahr 02: **1 172,00 EUR**.

3 Hier Berechnung ohne Abschreibungen auf Finanzanlagen, andere Berechnung möglich.

Entwicklung und Umsetzung von Strategien als Möglichkeit der Unternehmenssteuerung

Formel, Berechnung und Auswertung:	Berichtsjahr 01	Vorjahr 02
3. EBIT (Ergebnis vor Zinsen und Steuern)		
Jahresüberschuss + Zinsaufwendungen − Zinserträge + Steuern vom Einkommen + außerordentliche Aufwendungen − außerordentliche Erträge = **EBIT** Ergebnis vor Zinsen und Steuern + Abschreibungen = **EBITDA**		
Auswertung		
4. ROI (Return on Investment)		
$\text{ROI} = \frac{\text{EBIT} \cdot 100}{\text{Umsatz}} \cdot \frac{\text{Umsatz}}{\text{Gesamtkapital}}$		
Auswertung		

Entwicklung und Umsetzung von Strategien als Möglichkeit der Unternehmenssteuerung

Formel, Berechnung und Auswertung:	Berichtsjahr 01	Vorjahr 02
5. EBIT-Marge		
$\text{EBIT-Marge} = \frac{\text{EBIT} \cdot 100}{\text{Umsatz}}$		
Auswertung		

Entwicklung und Umsetzung von Strategien als Möglichkeit der Unternehmenssteuerung

Bilanzanalyse

PB 21

Aufbereitete Bilanzen = Strukturbilanz für die SWI Schweißtechnik AG

Geschäftsjahr	Berichtsjahr 01		Vorjahr 02	
Aktiva	**in EUR**	**in %**	**in EUR**	**in %**
A. Anlagevermögen				
Sachanlagen/Imm. Verm.-Gegenst.				
Finanzanlagen				
Summe des Anlagevermögens				
B. Umlaufvermögen				
Vorräte				
Ford. und sonstige Verm.-Gegenst.				
Liquide Mittel				
Sonst. Umlaufverm./Wertpapiere				
Summe des Umlaufvermögens				
Gesamtvermögen				

Geschäftsjahr	Berichtsjahr 01		Vorjahr 02	
Passiva	**in EUR**	**in %**	**in EUR**	**in %**
A. Eigenkapital				
Gezeichnetes Kapital				
Gewinnvortrag				
Jahresüberschuss				
Summe Eigenkapital				
B. Langfristiges Fremdkapital				
Verbindlichk. geg. Kreditinstitut				
Pensionsrückstellungen				
Summe langfristiges Fremdkapital				
C. Kurzfristiges Fremdkapital				
Verb. geg. KI, Laufzeit bis 1 Jahr				
Sonstige Rückstellungen				
Verbindlichkeiten a. L. u. L.				
Sonstige Verbindlichkeiten				
Summe kurzfristige Verbindlichkeiten				
Gesamtkapital				

Bilanzauswertung

PB 22

Auswertung der Bilanz und des GuV-Kontos der SWI Schweißtechnik AG[1]

Formel, Berechnung und Auswertung:	Berichtsjahr 01	Vorjahr 02	Branche
I. Auswertung der Bilanz			
1. Kennzahlen zur Kapitalverwendung (Vermögensstruktur)			
Anlagequote oder **Anlageintensität** $= \frac{\text{Anlagevermögen} \cdot 100}{\text{Gesamtvermögen}}$ =			
Umlaufquote oder **Umlaufintensität** $= \frac{\text{Umlaufvermögen} \cdot 100}{\text{Gesamtvermögen}}$ =			
Vorratsquote oder **Vorratsintensität** $= \frac{\text{Vorratsvermögen} \cdot 100}{\text{Gesamtvermögen}}$ =			
Forderungsintensität $= \frac{\text{Forderungen a.L.u.L.} \cdot 100}{\text{Gesamtvermögen}}$ =			
Auswertung			

1 Vgl. Speth: Betriebswirtschaft mit Rechnungswesen | Controlling für das Wirtschaftsgymnasium, Band 2, S. 169 ff. und Band 3, S. 225 ff.

18 Korte - ISBN 978-3-8120-1029-0

ENTWICKLUNG UND UMSETZUNG VON STRATEGIEN ALS MÖGLICHKEIT DER UNTERNEHMENSSTEUERUNG

Formel, Berechnung und Auswertung:	Berichtsjahr 01	Vorjahr 02	Branche
2. Kennzahlen zur Kapitalaufbringung (Kapitalstruktur)			
➢ **Eigenkapitalquote** oder **Grad der finanziellen Unabhängigkeit** $= \frac{\text{Eigenkapital} \cdot 100}{\text{Gesamtkapital}}$ =			
➢ **Verschuldungsgrad** oder **Fremdkapitalquote** $= \frac{\text{Fremdkapital} \cdot 100}{\text{Eigenkapital}}$ oder $\frac{\text{Fremdkapital} \cdot 100}{\text{Gesamtkapital}}$ =			
Auswertung			
3. Anlagendeckung (Investierung)			
➢ **Deckungsgrad I** $= \frac{\text{Eigenkapital} \cdot 100}{\text{Anlagevermögen}^{1}}$ =			
➢ **Deckungsgrad II** $= \frac{(\text{Eigenkapital} + \text{langfr. Fremdkapital}) \cdot 100}{\text{Anlagevermögen}}$ =			
Auswertung			

1 Ggf. den Eisernen Bestand berücksichtigen.

Formel, Berechnung und Auswertung:	Berichtsjahr 01	Vorjahr 02	Branche
4. Liquiditätskennzahlen			
➢ **Liquidität 1. Grades** oder **Barliquidität** $= \frac{(\text{Liquide Mittel})^1 \cdot 100}{\text{kurzfristiges Fremdkapital}}$ =			
➢ **Liquidität 2. Grades** oder **einzugsbedingte Liquidität** $= \frac{\text{monetäres Umlaufvermögen}^2 \cdot 100}{\text{kurzfristiges Fremdkapital}}$ =			
➢ **Liquidität 3. Grades** oder **umsatzbedingte Liquidität** $= \frac{(\text{monetäres UV} + \text{Vorräte}) \cdot 100}{\text{kurzfristiges Fremdkapital}}$ =			
Auswertung			
II. Auswertung der Gewinn- und Verlustrechnung			
1. Rentabilität[3]			
Berechnung: Jahresüberschuss + außerordentliche Aufwendungen – außerordentliche Erträge = **bereinigter Jahresgewinn**			
➢ **Eigenkapitalrentabilität** $= \frac{\text{Bereinigter Jahresgewinn}^4 \cdot 100}{\varnothing \text{ Eigenkapital}^5}$ =			

1 Bank, Kasse, börsengängige Wertpapiere.
2 Forderungen a. L. u. L. + Liquide Mittel + Sonstiges UV (z. B. ARA und sonstige Forderungen) = Monetäres UV.
3 Bei Einzel- und Personengesellschaften ggf. Jahresüberschuss – Unternehmerlohn berücksichtigen.
4 Ggf. bereinigter Jahresüberschuss verwenden (Jahresüberschuss – außerordentliche Erträge + außerordentliche Aufwendungen).
5 $\frac{(AB + EB)}{2}$

Entwicklung und Umsetzung von Strategien als Möglichkeit der Unternehmenssteuerung

Formel, Berechnung und Auswertung:	Berichtsjahr 01	Vorjahr 02	Branche
➤ **Gesamtkapitalrentabilität** $= \frac{(\text{Bereinigter Jahresgewinn} + \text{Zinsen}) \cdot 100}{\varnothing\ \text{Gesamtkapital}}$ =			
➤ **Umsatzrentabilität** $= \frac{\text{Bereinigter Jahresgewinn} \cdot 100}{\text{Umsatz}}$ =			
Auswertung			
2. Cashflow			
Jahresüberschuss + Erhöhung der langfristigen Rückstellungen[1] − Auflösung der langfristigen Rückstellungen + Abschreibungen − Zuschreibungen/Gewinnausschüttung = **Cashflow** **Cashflow-Umsatz-Relation** $= \frac{\text{Cashflow} \cdot 100}{\text{Umsatzerlöse}}$ =			
Auswertung			

1 Erhöhung der Pensionsrückstellungen: Berichtsjahr 01: 100.000,00 EUR; Vorjahr 02: **14.000,00 EUR.**

Entwicklung und Umsetzung von Strategien als Möglichkeit der Unternehmenssteuerung

Formel, Berechnung und Auswertung:	Berichtsjahr 01	Vorjahr 02	Branche
3. EBIT (Ergebnis vor Zinsen und Steuern)			
Jahresüberschuss + Zinsaufwendungen − Zinserträge + Steuern vom Einkommen + außerordentliche Aufwendungen − außerordentliche Erträge = **EBIT** Ergebnis vor Zinsen und Steuern + Abschreibungen = **EBITDA**			
Auswertung			
4. ROI (Return on Investment)			
$\text{ROI} = \frac{\text{EBIT} \cdot 100}{\text{Umsatz}} \cdot \frac{\text{Umsatz}}{\text{Gesamtkapital}}$			
Auswertung			

	Berichtsjahr 01	Vorjahr 02	Branche
5. EBIT-Marge			
EBIT-Marge = $\frac{\text{EBIT} \cdot 100}{\text{Umsatz}}$			
Auswertung			

Ausgangssituation

Entwicklung einer Ökobilanz

AB 34

Herr Wengler, Herr Stamm und Herr Hansen im Gespräch:

Herr Stamm: „Herr Hansen, Sie müssen mir bei der Vorbereitung des 2. Gliederungspunktes: ‚Aufbau einer Ökobilanz' helfen. Ich kann damit überhaupt nichts anfangen. Ich dachte, wir machen schon so viel, um die Umwelt zu schonen, dabei könnten wir es doch belassen."

Herr Wengler: „Ich finde das ganze Thema wird sowieso überbewertet. Erst kürzlich kam der junge Kollege Herr Leyer aus dem Vertrieb und meinte, wir sollten aus ökologischen Gründen in Zukunft statt Styropor Popcorn als Füllmaterial bei der Verpackung von Fertigprodukten einsetzen."

Herr Stamm: „Styropor wird aus Erdöl hergestellt und muss von weit her nach Papenburg transportiert werden. Dazu müssen extra Pipelines verlegt werden, Öltanker können verunglücken und außerdem stehen die Ölreserven nicht unbeschränkt zur Verfügung. Mais hingegen ist jederzeit erneuerbar, natürlicher und dazu auch noch kompostierbar. Das könnte durchaus stimmen."

Herr Wenger: „Und darum sollen wir jetzt auch noch eine Umweltbilanz oder besser gesagt eine Ökobilanz erstellen?"

Entwicklung und Umsetzung von Strategien als Möglichkeit der Unternehmenssteuerung

Herr Hansen: „Ich habe kürzlich ein Interview mit Fredy Dinkel, Ökobilanzfachmann und Autor mehrerer Ökobilanzstudien, gelesen. Daraus wird die Bedeutung für den Aufbau einer Ökobilanz meines Erachtens deutlich:[1]

➢ *Herr Dinkel, worin sehen Sie die wichtigste Bedeutung von Ökobilanzen?*

Die Ökobilanz ist heute die umfassendste Methode, die Umweltauswirkungen menschlicher Tätigkeit zu erfassen und zu bewerten. Sie kann verwendet werden, um ökologische Verbesserungsmöglichkeiten bei Produkten oder Betrieben zu erkennen. Zudem können Produkte oder Dienstleistungen miteinander verglichen werden – eine gute Entscheidungsgrundlage für den umweltverträglichen Einkauf. Eine weitere Stärke der Ökobilanzierung besteht darin, dass die Auswirkungen in klaren Zahlen ausgewiesen werden. Die Resultate können mit Frankenbeträgen[2] verknüpft werden. So kann entschieden werden, wie das Geld am effizientesten eingesetzt wird.

➢ *Welche Qualitätskriterien muss eine Ökobilanzstudie erfüllen, damit sie vertrauenswürdig ist?*

Auf einem so komplexen Gebiet wie der Umwelt, bei dem ständig neue Erkenntnisse gewonnen werden, kann es kein einfaches Rezept geben. Entscheidend für die Vertrauenswürdigkeit ist, dass die Studie nachvollziehbar ist. Wichtige Grundlagen sowie Annahmen und Vorgehen müssen klar beschrieben sein. Natürlich gibt es auch Richtlinien und Normen (z.B. ISO 14040), die eine gute Arbeitsgrundlage bilden und deren weitgehende Einhaltung zu einer vertrauenswürdigen Ökobilanz gehören. Die Erfahrung zeigt jedoch, dass dies allein noch keine Garantie für eine gute Ökobilanz ist. Unser Projektteam stellt sich deshalb bei jeder Ökobilanzstudie die Frage: „Wäre dasselbe Ergebnis entstanden, wenn wir die Studie für den Konkurrenten unseres Auftraggebers gemacht hätten?" Daraus ergibt sich eine kritische Sicht auf unsere eigene Arbeit und eine hohe Objektivität.

➢ *Mit welchen Ökobilanzstudien konnten Sie im Lauf Ihrer Tätigkeit am meisten bewirken?*

Dabei denke ich spontan an drei Studien. Die erste habe ich vor knapp 20 Jahren zu Bau- und Isolationsmaterialien gemacht. 1990 wurde über das Thema oft pauschal diskutiert. Es hieß zum Beispiel: „Kunststoffe sind schlecht für die Umwelt und damit heißt ökologisch bauen möglichst keine Kunststoffe zu verwenden." Ich konnte damals zeigen, dass einerseits Kunststoffe wesentlich besser als ihr Ruf sind und andererseits, dass die Art des Materials in diesem Falle nicht so wichtig ist. Entscheidend ist, dass ein Gebäude gut isoliert ist. Diese Studie hat mit vielen anderen dazu beigetragen, dass heute der Energieverbrauch und nicht Materialvorschriften als wichtig erachtet und umgesetzt werden (...).

Ein anderes wichtiges Projekt war die Umweltberatung für die Landesausstellung Expo 02. Dabei wurden schon in der Planung Ökobilanzen eingesetzt, um Verbesserungsmöglichkeiten zu finden. Dies hat dazu geführt, dass die gesamten Umweltauswirkungen der Expo halbiert werden konnten. Mit der gesparten Energie könnte die Stadt Neuenburg ein Jahr lang geheizt werden.

Das dritte Thema betrifft die Beurteilung von Treibstoffen aus Biomasse. Als wir zu Beginn der 90er-Jahre die erste Bilanz zu diesem Thema machten, galten diese Treibstoffe allgemein als sehr ökologisch. Diese und weitere Studien haben nach und nach aufgezeigt, welche dieser Treibstoffe ökologisch sinnvoll, welche problematisch sind und wo noch Verbesserungsmöglichkeiten bestehen. Ökobilanzstudien haben dazu beigetragen, dass zwischen den Treibstoffarten genau unterschieden wird.

➢ *Was fasziniert Sie persönlich am Thema Ökobilanzen?*

Es ist eine Illusion, zu meinen, dass wir je eine Methode haben werden, welche die komplexe Umwelt „richtig" beschreibt. Entsprechend wird es nie die „wahre" Ökobilanz geben. Spannend finde ich, dass die Methode ständig weiterentwickelt werden muss, und dass es für eine gute Ökobilanz eine vertiefte Auseinandersetzung mit dem Untersuchungsgegenstand braucht. Daher ist jede Ökobilanz eine neue, spannende Herausforderung. Faszinierend finde ich auch die Suche nach kreativen Lösungen zur Verringerung der Umweltbelastung.

Herr Stamm: „Das klingt gut, aber wie erstellen wir jetzt für unser Unternehmen eine Ökobilanz?"

Herr Hansen: „Das erledigen meine Mitarbeiter!"

1 BAFU/hep Verlag: Die Zukunft in der Tasche.
2 Franken (Währung in der Schweiz).

Entwicklung und Umsetzung von Strategien als Möglichkeit der Unternehmenssteuerung

Arbeitsauftrag

Visualisieren Sie die wichtigsten Informationen aus dem Interview mit Herrn Dinkel in einer Mind-Map.

1. Bilden Sie vier Gruppen.

   Beschäftigen Sie sich zuerst ganz allgemein mit der betriebswirtschaftlichen Bedeutung der Nachhaltigkeit in Unternehmen. Nutzen Sie das Internet oder IB 52 und bereiten Sie eine Kurzpräsentation vor. Visualisieren Sie Ihre Ergebnisse in Form einer Mind-Map.

   Gruppe I: **Nachhaltigkeit in Funktionsbereichen**

   Gruppe II: **Nachhaltige Produktentwicklung am Beispiel Hewlett-Packard**

   Gruppe III: **Schaffung sozialer Arbeitsbedingungen am Beispiel Hennes & Mauritz**

   Gruppe IV: **Die Rolle des Controllings an der Steuerung**

2. Informieren Sie sich über die Entstehung einer Ökobilanz nach ISO 14040 und stellen Sie die wesentlichen Kriterien zusammen. Nutzen Sie Ihr Schulbuch bzw. machen Sie eine Internetrecherche.[1]

3. Versuchen Sie ansatzweise stellvertretend für die Mitarbeiter von Hansen & Partner Aspekte einer erweiterten Bilanzierung für die SWI Schweißtechnik AG aufzustellen. Suchen Sie aus der Ist-Situation der SWI Schweißtechnik AG ökologisches Vorgehen und ergänzen Sie PB 23.

4. Hansen & Partner haben eine vorläufige Ökobilanz aufgestellt.

verkürzte Ökobilanz der SWI Schweißtechnik AG (Auszug)

Input		Output	
Rohstoffe	575 595 kg	Hauptprod./Schweißgeräte	427 500 kg
Hilfsstoffe	146 000 kg	Nebenprod./Schweißanlagen	140 500 kg
Betriebsstoffe/Schmierstoffe	537 kg	Werbematerial	790 kg
Verpackung	2 572 kg	Abfall (flüssig und fest)	
Handelsware	25 000 kg	Gesamtmenge	60 800 kg
Energie		Zur Wiederverwertung (60 %)	36 300 kg
➢ Strom	235 000 kWh	Zur Beseitigung	19 800 kg
➢ Wärme insgesamt	47 500 kWh	Sonderabfälle	4 700 kg
Wasser		Abwasser	288 000 m^3
➢ Kühlwasser	620 000 m^3	**Emission durch Energiegewinnung**	
➢ Stadtwasser	120 000 m^3	CO_2	210 000 kg
		SO_2	600 kg
		NO_x	300 kg
		Staub/Ruß	50 kg

Kennzahlen	Unternehmenswerte		Branchenkennzahlen
	Berichtsjahr	Vorjahr	
Energiekennzahl*		0,529 kWh/kg	0,51 kWh
Wasserkennzahl**		4,3 m^3/kg	2,6 m^3/kg
Verpackungskennzahl***		0,47 %	0,3 %
Materialausbeute****		89 %	91 %

* $\frac{\text{Eingesetzte Energiemenge}}{\text{Produktionsmenge}}$

** $\frac{\text{Brauchwassermenge}}{\text{Produktionsmenge}}$

*** $\frac{\text{Verpackungsgewicht} \cdot 100}{\text{Gewicht der verpackten Produkte}}$

**** $\frac{\text{Ausbringungsmenge} \cdot 100}{\text{eingesetzte Rohstoffmenge}}$

1 Siehe z. B. http://www.educ.ethz.ch/unt/um/uwis/oek/oekobilanzen.

4.1 Ermitteln Sie folgende Kennzahlen für das Berichtsjahr
- Energiekennzahl,
- Wasserkennzahl,
- Verpackungskennzahl,
- Materialausbeute.

4.2 Werten Sie die Ergebnisse aus. Wo besteht Handlungsbedarf?

5. Ist die Verwendung von Popcorn als Verpackungsfüllmittel eine ökologische Alternative zu Styropor? Recherchieren Sie im Internet[1] und diskutieren Sie in der Gruppe in Zukunft Popcorn statt Styropor zu verwenden.

6. Energieeinsparung ist nicht nur eine Frage der Kosteneinsparung und Imageförderung, sondern ist auch eine Frage der gesellschaftlichen Verantwortung. Warum nutzen viele Unternehmen mögliche Potenziale nicht, obwohl fast die Hälfte des deutschen Energieverbrauchs durch Industrie-, Gewerbe- und Dienstleistungsbetriebe verursacht werden? (Beantwortung der Frage durch IB 53 über Ihren Lehrer.)

7. Entscheiden Sie, ob die gewonnenen Erkenntnisse in Ihrem Alltag bzw. in Ihrer Schule übertragbar sind. Diskutieren Sie ggf. sinnvolle Anwendungsbereiche einer privaten Ökobilanz.

Kriterien	Einsparungspotenzial
Ernährung/ Landwirtschaft	
Mobilität/ Verkehr	
Wohnen	
Konsumgüter	

IB 52 + IB 53

1 Siehe z. B. http://www.educ.ethz.ch/unt/um/uwis/oek/oekobilanzen.

19 Korte - ISBN 978-3-8120-1029-0

Entwicklung und Umsetzung von Strategien als Möglichkeit der Unternehmenssteuerung

Aspekte einer erweiterten Bilanzierung[1]

PB 23

Input

Beschaffung	Marketing	Logistik

Standort	Energie	Kühlmittel

Produktion

Produktion

Output

Produkte	Menschliche Gesundheit	Verpackung

Entsorgung von Abfall	Transport	Abwasser

1 In Anlehnung an Speth, BN 0540.

ENTWICKLUNG UND UMSETZUNG VON STRATEGIEN ALS MÖGLICHKEIT DER UNTERNEHMENSSTEUERUNG

Ausgangssituation

Entwicklung einer Balanced Scorecard

AB 35

Die Metallbranche befand sich in einer schwierigen Situation.[1] Der Vorstand der SWI Schweißtechnik AG, Herr Stamm, will unbedingt verhindern, dass es dem Unternehmen genauso geht wie vielen Wettbewerbern, die inzwischen Kurzarbeit anmelden oder sogar ganz schließen mussten.

1. Gesamtwirtschaftliche Gründe wie die fehlende Binnennachfrage in Deutschland hatten zu einer Krise in der Metallbranche geführt. Die Auswirkungen spürte auch die SWI Schweißtechnik AG. Der Unternehmenserfolg war in den vergangenen Jahren drastisch zurückgegangen.
2. Herr Stamm hat erkannt, dass es wichtig ist, das Unternehmen zukunftsfähig und flexibel zu gestalten. Von Herrn Hansen und auf einer Bankveranstaltung hat er erfahren, dass dieses mithilfe einer sogenannten Balanced Scorecard gelingen kann. Dieses setzt eine Strategieentwicklung voraus.[2]

Arbeitsauftrag

1. Bilden Sie vier Gruppen.
   Beantworten Sie folgende Fragen und Aufgaben:[1]

Gruppe A „Finanzen"

a) Stellen Sie die Situation der deutschen Metallbranche dar.
b) Zeigen Sie die gesamtwirtschaftlichen Zusammenhänge auf, die zu dieser Situation geführt haben.
c) Wie wirkt sich diese Situation auf die SWI Schweißtechnik AG aus?
d) Welche unternehmerischen Probleme hat die SWI Schweißtechnik AG?

➢ Um die Aufgaben zu lösen, nutzen Sie die Zusatzinformationen IB 54.

Gruppe B „Kunden"

a) Leiten Sie den Begriff „Balanced Scorecard" ab.
b) Übersetzen Sie die Begriffe ins Deutsche.
c) Welcher Vorteil ergibt sich durch eine Scorecard für ein Unternehmen?
d) Finden Sie Beispiele für finanzielle und nichtfinanzielle Kennzahlen heraus.
e) Erläutern Sie, warum finanzielle Kennzahlen vergangenheitsorientiert sind.

➢ Um die Aufgaben zu lösen, nutzen Sie die Zusatzinformationen IB 55.

Gruppe C „Prozesse"

Betrachten Sie die vier Perspektiven („Finanzen", „Kunden", „Prozesse" und „Mitarbeiter") genauer.

a) Erläutern Sie die Grundidee und den Aufbau der Balanced Scorecard.

---

1 Trotz der aktuell wirtschaftlich guten Unternehmenssituation im Maschinenbau wird aus didaktischen Gründen an dieser Stelle von einer betrieblich schwierigen Lage ausgegangen.

2 Vgl. Hausarbeit U. Lüthe, Umsetzung von Unternehmensstrategien mittels Balanced Scorecard, 2003 (unveröffentlicht).

3 In Anlehnung an: Ulli Lüthe: Umsetzung von Unternehmensstrategien mittels Balanced Scorecard, 2003.

b) Woraus werden die Ziele und Kennzahlen abgeleitet?

c) Erklären Sie die einzelnen Perspektiven:
   - Unter welchen Fragestellungen werden Kennzahlen in den vier Perspektiven abgeleitet?
   - Erklären Sie, worauf es in den einzelnen Perspektiven ankommt.
   - Nennen Sie Beispiele.

- Um die Aufgaben zu lösen, nutzen Sie die Zusatzinformationen IB 56.

Gruppe D „Mitarbeiter"

Schildern Sie grob die Phasen der Einführung einer Balanced Scorecard im Unternehmen.

a) Analysieren Sie das Schaubild (1) in Ihren Zusatzinformationen.

b) Beziehen Sie das Schaubild auf die SWI Schweißtechnik AG.

c) In welcher Phase befindet sich das Unternehmen momentan? (Schaubild 2)

- Um die Aufgaben zu lösen, nutzen Sie die Zusatzinformationen IB 57.

2. Um die Strategie zu konkretisieren, sollen im ersten Schritt aus vier Perspektiven strategische Ziele abgeleitet werden. (Nutzen Sie IB 58 und PB 24!)

Gruppe A

Sie vertreten die Gruppe „Finanzen". Diese Perspektive berücksichtigt die Interessen der Anteilseigner und Kapitalgeber.

Ihre Aufgabe ist es, aus der **Finanzperspektive** strategische Ziele aus der vorliegenden Strategie abzuleiten (PB 25).

Gruppe B

Sie vertreten die Gruppe „Kunden". Die **Kundenperspektive** berücksichtigt die Kundenwünsche und -bedürfnisse.

Ihre Aufgabe ist es, aus der Kundenperspektive strategische Ziele aus der vorliegenden Strategie abzuleiten (PB 25).

Gruppe C

Sie vertreten die Gruppe „Mitarbeiter". Die Mitarbeiterperspektive berücksichtigt die Qualifikation von Mitarbeitern und die Leistungsfähigkeit des Informationssystems.

Ihre Aufgabe ist es, aus der **Mitarbeiterperspektive** strategische Ziele aus der vorliegenden Strategie abzuleiten (PB 25).

Gruppe D

Sie vertreten die Gruppe „Prozesse". Die Prozessperspektive untersucht die betrieblichen Prozesse und Abläufe auf ihre Effizienz, um die Ziele der Finanz- und Kundenperspektive zu erreichen.

Ihre Aufgabe ist es, aus der **Prozessperspektive** strategische Ziele aus der vorliegenden Strategie abzuleiten (PB 25).

Entwicklung und Umsetzung von Strategien als Möglichkeit der Unternehmenssteuerung

Für alle Gruppen gilt:

- Nennen Sie aus Ihrer jeweiligen Perspektive strategische Ziele, die Sie SMART[1] formulieren und leiten Sie mögliche strategische Aktionen ab.
- Protokollieren Sie Ihre Ergebnisse auf Ihrem Protokollblatt PB 25.
- Klären Sie, ob alle Ziele miteinander harmonisieren oder entstehen mögliche Zielkonflikte (Ursache-Wirkungs-Beziehungen)?
- Gleichen Sie Ihre Vorschläge mit der Vision der SWI Schweißtechnik AG von S. 14 ab.
- Bereiten Sie eine kurze Präsentation Ihrer Ergebnisse vor. Beachten Sie auch IB 55.

Ausgangssituation

Erweiterte Ausgangssituation von AB 35

Die SWI Schweißtechnik GmbH hat in enger Zusammenarbeit mit der Beratungsgesellschaft Hansen & Partner und den betroffenen Abteilungen eine Balanced Scorecard für das Unternehmen entwickelt. Diese gilt es nun der ganzen Belegschaft zu kommunizieren, damit die Balanced Scorecard zur Umsetzung der unternehmerischen Strategie im Rahmen der täglichen Geschäftsprozesse berücksichtigt werden kann. Daher wurde vom Vorstand ein entsprechender Artikel für die hausinterne Mitarbeiterzeitung „SWI – InSight" (Ausgabe 01/14) verfasst:

Die Balanced Scorecard als Chance, unser Unternehmen zukunftsfähig und flexibel zu gestalten!

Liebe Mitarbeiterinnen und Mitarbeiter!

Nach einer umfangreichen Erarbeitungsphase sind wir stolz, Ihnen die Balanced Scorecard der SWI Scheißtechnik AG präsentieren zu können. Der Einsatz dieses übersichtlichen und ganzheitlichen Führungsinstruments erlaubt es uns, in Zukunft verstärkt die strategische Ausrichtung des Unternehmens bei allen unternehmerischen Handlungen zu berücksichtigen. Ausgehend von der Strategie der SWI Schweißtechnik AG, konkret definierten Zielen und deren Ursache-Wirkungs-Zusammenhängen wurden sinnvolle Messgrößen, Zielwerte und Aktionen erarbeitet.

Diese dienen Ihnen in Zukunft als „Leitfaden" für Ihre tägliche Arbeit und erleichtern die innerbetriebliche Abstimmung und Kommunikation. Weiterhin beabsichtigen wir mit der Implementierung[2] der Balanced Scorecard eine Abkehr von der rein finanziellen Perspektive im Rahmen der unternehmerischen Steuerung hin zu einer multiperspektivischen Ausrichtung unter Berücksichtigung immaterieller sowie zukunftsorientierter Werte und Faktoren. Dadurch soll es uns gelingen, die Leistungsfähigkeit des Unternehmens zu erhöhen und die Kundenzufriedenheit zu steigern, um die Qualitätsführerschaft in der Branche zu übernehmen.

Übergreifendes Ziel ist es, die grundlegende Veränderung der Steuerung und Selbstwahrnehmung der SWI Schweißtechnik AG zu erlangen und die daraus erwachsenden Potenziale effektiv für das Unternehmen zu nutzen. Zur Erreichung dieses Ziels wurde die vorliegende Balanced Scorecard in enger Abstimmung mit den Fachabteilungen erstellt. Wir hoffen, dass auf diese Weise eine problemlose Einführungsphase gegeben sein wird, und bauen auf Ihre Motivation bei der Mitgestaltung des Unternehmenserfolges!

Mit den besten Wünschen für die kommenden, spannenden Monate im Rahmen der Einführung der Balanced Scorecard

Ihr
A. Stamm

Ihr
H. Wenger

---

1 SMART: S = spezifisch
M = messbar
A = attraktiv/anspruchsvoll
R = realistisch
T = terminisert

2 Implementierung = Einsatz.

Entwicklung und Umsetzung von Strategien als Möglichkeit der Unternehmenssteuerung

Herr Ingenkamp aus der Abteilung Vertrieb und Herr Loose aus der Abteilung Verwaltung haben heute die neue Mitarbeiterzeitung „SWI–InSight" erhalten. Aufmerksam haben sie den Artikel zur Balanced Scorecard gelesen. Gegen 12:30 Uhr sind die beiden zum Mittagessen verabredet. Schnell kommen die zwei Mitarbeiter der SWI Schweißtechnik AG auf das Thema „Balanced Scorecard" zu sprechen:

Herr Ingenkamp:	„Hast Du heute auch den Artikel zur Einführung der Balanced Scorecard gelesen? Ich musste mich sehr konzentrieren, um erst einmal zu verstehen, worum es geht."
Herr Loose:	„Das ging mir genauso. Ich habe daraufhin im Internet recherchiert und festgestellt, dass der Vorstand das ursprünglich in der Literatur vorgeschlagene Grundmuster einer Balanced Scorecard einfach 1:1 übernommen hat. Ich frage mich nun, ob die SWI Schweißtechnik AG bei einem Zuliefereranteil von 70 % nicht diese Perspektive hätten mit aufnehmen müssen?"
Herr Ingenkamp:	„Tja, das passiert, wenn man nicht sämtliche Mitarbeiter bzw. Abteilungen bei der Erstellung mit ins Boot holt. Und wir sollen nun täglich mit dieser Balanced Scorecard arbeiten. In diesem Zusammenhang möchte ich Dich gerne fragen, ob Du jetzt weißt, was das für Dich ab morgen bedeutet? Ich finde die angeführten strategischen Aktionen sehr abstrakt. Weiterhin ist mir unklar, was z. B. genau unter der angestrebten Qualitätsführerschaft zu verstehen ist!"
Herr Loose:	„Den gleichen Gedanken hatte ich auch. Und zusätzlich sind auch die Zielwerte meiner Meinung nach unrealistisch und kaum erreichbar. Wie kann der Vorstand nur darauf vertrauen, dass diese Ziele in nächster Zeit zu erreichen sein werden? Denn bei genauem Hinsehen fallen auch Konflikte zwischen den formulierten Zielen auf."
Herr Ingenkamp:	„Ich stimme Dir vollkommen zu. Da kommt doch die Frage auf, ob die Balanced Scorecard überhaupt für die SWI Schweißtechnik AG geeignet ist? Aber nun ist in die Erstellung schon so viel Zeit und Geld geflossen. Die Entscheidung für die Einführung der Balanced Scorecard wurde von der Geschäftsleitung gefällt und wir müssen damit leben."
Herr Loose:	„Da bleibt nur zu hoffen, dass alle Mitarbeiter verstehen, worum es sich bei der Balanced Scorecard handelt, und wie sie diese für ihre tägliche Arbeit nutzen und umsetzen sollen."
Herr Ingenkamp:	„Ja, das bleibt zu hoffen ..."

Entwicklung und Umsetzung von Strategien als Möglichkeit der Unternehmenssteuerung

Arbeitsauftrag

3. Setzen Sie sich im Folgenden mit den
   - **Vor- und Nachteilen** einer **Balanced Scorecard** auseinander. Nutzen Sie bitte zur Erarbeitung der **Vorteile den Auszug aus der Mitarbeiterzeitung** „SWI–InSight" und zur Erarbeitung der **Nachteile das Gespräch zwischen Herrn Ingenkamp und Herrn Loose.**
   - Greifen Sie zur Identifikation der Vor- und Nachteile auch auf Ihre eigenen Erfahrungen bei der Entwicklung der Balanced Scorecard für die SWI Schweißtechnik AG zurück.
   - Welche Bedeutung haben die Vor- und Nachteile für die SWI Schweißtechnik AG?

4. Wie könnte ein nachhaltiges Umweltmanagement aufgebaut werden? Machen Sie konkrete Vorschläge, wie eine fünfte Perspektive „Umwelt" in die bestehende BSC der SWI eingebunden werden kann. Formulieren Sie konkrete Vorschläge in Bezug auf
   - Strategische Ziele
   - Messgrößen
   - Zielwerte
   - Strategische Aktionen

   und ergänzen Sie Ihre Ergebnisse in PB 25.

5. Vertiefende Fragen:
   5.1 Inwiefern ist die Finanzperspektive die Hauptperspektive?
   5.2 Erläutern Sie den Weg von der Vision zur Strategie an einem selbstgewählten Beispiel.
   5.3 Welche Besonderheiten des BSC-Prozesses erleichtern die Entwicklung von konkreten strategischen Zielen?
   5.4 Welche Ursache-Wirkungsketten lässt ein Fortbildungsprogramm für Mitarbeiter erwarten?

6. Bitte vergleichen Sie die unten stehende Strategiekarte des Unternehmens Mobil Oil[1] mit der von Ihnen entwickelten Balanced Scorecard für die SWI Schweißtechnik GmbH. Machen Sie eine Liste mit Gemeinsamkeiten und Unterschieden (IB 59).

1 Das Unternehmen Mobil Oil ist eine Sparte des Unternehmens Exxon Mobil und verkaufen Erdöl- bzw. Erdgas-Produkte.

Entwicklung und Umsetzung von Strategien als Möglichkeit der Unternehmenssteuerung

Controlling und Unternehmenssteuerung – Gruppe A

Zusatzinformation Balanced Scorecard Gruppe A

IB 54

Die Metallbranche befindet sich derzeit noch in einer schwierigen Phase[1]

Die deutsche Metallbranche befindet sich derzeit noch in einer sehr schwierigen Phase. Kurzarbeit, Betriebsstilllegungen und Insolvenzen sind die untrüglichen Zeichen eines schmerzhaften Konsolidierungsprozesses und die Folgen von Rezession, Kaufzurückhaltung und dem immer noch anhaltenden Trend zur Billigware. Es gilt immer noch und in letzter Zeit noch vermehrt der Slogan „Geiz ist geil!". So müssen wir Ihnen heute leider eine der schlechtesten Quartalsaussichten für die Metallbranche seit 1990 verkünden.

In den ersten zwei Monaten diesen Jahres setzt sich der Trend aus dem vergangen Jahr fort. Der Umsatz in der Gesamtbranche stagniert bereits im dritten Jahr und ging im Schweißbereich sogar um 1 % zurück. Die Zahl der Beschäftigten in der Branche ging um 17 727 auf 259 373 (Vorjahr: 277 100) zurück, die der Unternehmen reduzierte sich um 54 auf 3 336 (Vorjahr: 3 390).

Die starke Nachfrage nach Rohstoffen aus China und Indien im letzten Jahr hat dazu geführt, dass die Rohstoffpreise gestiegen sind. Die notwendigen Preissteigerungen konnten aber gegenüber dem Handel nicht durchgesetzt werden. Dies ist vor allem in der Kaufzurückhaltung der Kunden begründet. Im Jahr 2004 sparten die privaten Haushalte insgesamt 138 Milliarden Euro - zehn Milliarden mehr als im Jahr zuvor. Damit stiegen die Ersparnisse um knapp 8 %, während sich die privaten Konsumausgaben um weniger als 3 % erhöhten. Außerdem: durch die anhaltende Börsenschwäche haben die Privatanleger im vergangenen Jahr rund 100 Milliarden Euro in ihren Aktiendepots verloren. Die Erhöhung der Umsatzsteuer im Januar 2007 von bisher 16 % auf 19 % führte dazu, dass der Konsument Ende 2007 längst fällige Ersatzbeschaffungen tätigte. Dies sind Entwicklungen, die starke psychologische Effekte bei den Verbrauchern auslösen und mit eine Ursache für den derzeitigen Kaufstau sind.

In Anlehnung an: Pressemitteilung (Auszug) des Deutschen Metallverbandes vom 05. 02. 2007.

Auszug aus einem Gespräch zwischen Herrn Stamm und Herrn Hansen:

Herr Stamm: „Es sieht schlecht aus, verdammt schlecht ..."

Herr Hansen: „Was ist denn los? Ist mal wieder etwas schief gegangen?"

Herr Stamm: „Nein, das nicht. Aber ich hatte heute den Newsletter vom Metallverband in der Post. Da läuft es einem ja eiskalt den Nacken runter. Die Metallbranche steckt in einer tiefen Krise. Insolvenzen, Pleiten, Kurzarbeit wo du nur hinschaust: Wissen Sie, was das für die Region bedeutet? Arbeitslose, Steuerausfälle, leere Kassen bei den Kommunen. Überall werden Schwimmbäder, kulturelle Einrichtungen und dergleichen geschlossen.

Durch die anhaltende Börsenschwäche[2] haben viele Privatanleger viel, viel Geld verloren, das sie nicht mehr ausgeben können und die, die noch Geld besitzen, sind durch die Steuer- und Gesundheitsreform so verunsichert, dass sie ihr Geld lieber für schlechte Zeiten oder für die Rente sparen. Die Leute halten ihr Geld zusammen, geben weniger aus, nehmen keine Kredite auf. In der Zeitung ist immer wieder zu lesen, dass die fehlende Binnennachfrage der Grund für die schlechte Wirtschaftslage ist. Die Unsicherheit überträgt sich auch auf Unternehmen. Sie investieren immer weniger. Die Produktionsanlagen veralten, oder sie gehen ins Ausland und produzieren da, weil es billiger ist, oder sie schließen sich zusammen,

1 Anmerkung: die derzeitigen Branchenzahlen sind erheblich besser.

2 Stand: Ende 2008.

um gegenüber der billigen Konkurrenz aus dem Ausland wettbewerbsfähiger zu sein. Aber wie man sieht, ist selbst das keine Garantie ... – Und das ist ja nicht nur in der Metallbranche so, sondern überall, wo du nur hinhörst."

Herr Hansen: „Ja, überall ist die Stimmung auf dem Tiefpunkt. Man hat den Eindruck, Wirtschaft und Politik kommen mit den Folgen der Globalisierung nicht zurecht. Wir haben einen verschärften Wettbewerb, mehr Fusionen, die Börse hat sich zwar ein wenig erholt, aber die Konkurrenz kommt jetzt ganz verschärft aus China und Indien. Aber es nützt nix: Wir müssen den Tatsachen ins Auge sehen. Bei uns sind auch deutliche Anzeichen zu erkennen: Zurückhaltung bei den Kunden, sinkende Auftragseingänge, weniger Produktion, weniger Umsatz, weniger Gewinn. Die Kosten sinken nicht proportional, dafür steigen unsere Stückkosten. Die Spanne wird immer schmaler und dann müssen wir noch Preiszugeständnisse machen, damit unsere Kunden nicht zu den Billigimporteuren aus dem Ausland wechseln."

Herr Stamm: „Dieses Jahr wird für uns ganz entscheidend. Wir müssen uns genau überlegen was wir tun, damit es uns nicht genauso geht wie den Anderen."

Herr Hansen: „Tja. Eigentlich müssten wir gerade jetzt investieren. Aber dazu brauchen wir Geld. Durch Basel II wird uns das auch noch erschwert. Danach müssen alle Unternehmen spätestens 2006 ein bankinternes Rating erhalten haben. Und je besser das Rating ausfällt, desto günstiger werden die Kreditkonditionen. Ein schlechtes Rating bedeutet höhere Zinsen oder sogar die Ablehnung von Kreditanträgen."

Herr Stamm: „Richtig. Es gab dazu neulich eine Informationsveranstaltung unserer Hausbank. Dort wurde die Problematik sehr anschaulich dargestellt. Das Rating ist das Ergebnis eines Bewertungsprozesses wirtschaftlicher Sachverhalte. Dabei werden nicht nur finanzielle, also vergangenheitsorientierte Kennzahlen untersucht. Die Banken interessiert vielmehr, welche Zukunft das Unternehmen hat. Und deshalb untersuchen sie auch die Qualität der Geschäftsleitung, die Organisation des Rechnungswesens, die Zukunftsfähigkeit der Produkte, das Planungssystem des Unternehmens und das Innovations- und Entwicklungsmanagement. Sie wollen wissen, welche Strategie wir verfolgen und wie wir sie umsetzen und ob wir in der Lage sind, sie schnell und flexibel zu ändern. Wenn ich mich richtig erinnere, hatten Sie mir für all das in unserem letzten Gespräch ein Armutszeugnis ausgestellt."

Herr Hansen: „Ja, das stimmt. Sie haben ein schlüssiges Managementkonzept erst im Ansatz. Sie sind ein traditionsreiches kleines mittelständisches Unternehmen mit 60 Mitarbeitern. Sie produzieren für Privatkunden und für Großkunden Schweißgeräte bzw. Schweißanlagen. Man kann sagen, Sie arbeiten nach alter deutscher Manier zuverlässig und termintreu. Alles solide und gute Grundwerte. Aber was macht ein Unternehmen der Zukunft aus? Sie müssen sich der Nachfrage anpassen. Sie müssen sich daran orientieren, was die Kunden von morgen wollen. Sie müssen flexibel werden. Ihre Abläufe sind eingefahren. Die kleinste Veränderung und schon ist „Holland in Not". Sie müssen Ihre Kosten senken und ein richtiges Controlling einführen. Und Ihre Mitarbeiter müssen endlich mal aufwachen und eigene Ideen entwickeln. Und Sie müssen all dies in Gang bringen. „Management des Wandels" sagt man in der Fachsprache dazu."

20 Korte - ISBN 978-3-8120-1029-0

Entwicklung und Umsetzung von Strategien als Möglichkeit der Unternehmenssteuerung

Controlling und Unternehmenssteuerung – Gruppe B

Zusatzinformation Balanced Scorecard Gruppe B

IB 55

Probleme und Unzufriedenheit am klassischen Messgrößensystem …[1]

1) Die Kritik an den klassischen Messgrößensystemen war der ursprüngliche Auslöser für die Erfindung der Balanced Scorecard durch Robert S. Kaplan und David P. Norton. Sie haben 1990 bei 12 US-amerikanischen Großunternehmen eine Studie zum Thema „Performance Measurement" durchgeführt. Ausgangspunkt war die Unzufriedenheit mit den allein auf finanziellen Daten basierenden sog. Steuerungskennzahlen dieser Unternehmen.

2) In zahlreichen Unternehmen zeigte sich die Unternehmensleitung mit dem Berichtswesen und Reporting sehr unzufrieden. Meist stammten die entsprechenden Informationen aus dem operativen Controlling. Sie wurden in der Hoffnung aggregiert,[2] dass sie sich auf diesem Wege in Führungsinformationen verwandeln. Das Ergebnis aber war ernüchternd: umfangreiche, häufig unübersichtliche Informationen aus dem internen Rechnungswesen ohne nennenswerte Steuerungsrelevanz.

3) Auf die Schlüsselfrage der Unternehmensleitung „Wie weit sind wir mit der Strategieumsetzung?" gab das Berichtswesen lediglich finanzielle Antworten: Renditeentwicklung, Umsatzentwicklung, Kostenentwicklung ggf. Marktanteilsentwicklung. Zu den Ursachen dieser Entwicklungen und ihren Zusammenhang mit der Umsetzung strategischer Zielsetzungen gab das Berichtswesen keine oder nur eine sehr unklare Antwort.

4) Es wird zunehmend wichtiger, Planungs- und Umsetzungsprozesse zu beschleunigen und zu vereinfachen. Viele Unternehmen benötigen einen Zeitraum von bis zu 11 Monaten, bevor die Strategie tatsächlich umgesetzt wird. Neben dem extrem hohen Aufwand für personelle Ressourcen dauert das der Unternehmensleitung zu lange. Aufgrund eines sich immer schneller verändernden Umfeldes muss sie die Strategien immer öfter anpassen oder ändern. Die Halbwertzeit der Strategien sinkt. Unter den gegebenen Umständen ist es möglich, dass sich Strategien ändern, bevor überhaupt begonnen wurde, die alte Strategie umzusetzen.

Das Konzept:[3]

- Die Balanced Scorecard ist ein Konzept zur Implementierung der Unternehmensstrategie in den einzelnen Unternehmensbereichen.
- In der Balanced Scorecard werden die traditionellen finanziellen Kennzahlen durch nicht-finanzielle Kennzahlen ergänzt, um eine Vernachlässigung anderer wichtiger Perspektiven zu vermeiden.

1 In Anlehnung an: Horváth & Partner (Hrsg.), Balanced Scorecard umsetzen, Stuttgart, 2000, S. 2ff.

2 **aggregieren**: anhäufen, vereinigen

3 http://www.controlling.wi.tum.de/lehre/veranstaltungen/ws-08-09/controlling%20NF/Controllingskript_WS0809_NF_Kapitel%208.pdf

Entwicklung und Umsetzung von Strategien als Möglichkeit der Unternehmenssteuerung

Etwas zur Entstehungsgeschichte der Balanced Scorecard:[1]

- Die Balanced Scorecard wurde Anfang der 90er Jahre von den amerikanischen Professoren Robert S. Kaplan und David P. Norton und ihrem Team an der Harvard Business School entwickelt.
- Ziel war es, die stark finanzielle Ausrichtung der bis dahin typischen Managementsysteme um nichtfinanzielle Komponenten zu erweitern (ausbalanciertes Berichtswesen). Als Ergebnis erstellten sie ein ausgewogenes Set an finanziellen und nichtfinanziellen Messgrößen zur Leistungsmessung.
- Die ersten Anwender dieses Konzepts erkannten schnell, wie sehr sich ein solches System zur Umsetzung von Strategien eignet.
- Daraufhin modifizierten Kaplan und Norton das ursprüngliche Konzept. Statt einer Liste von Messgrößen stellten sie nun die strategischen Ziele in den Mittelpunkt des Interesses: sofern diese Ziele aus der Vision und der Strategie abgeleitet werden, gelten sie als die entscheidenden, strategierelevanten und erfolgskritischen Ziele des Unternehmens.
- In Deutschland wurde die Balanced Scorecard insbesondere durch Professor Peter Horváth bekannt und durch seine und viele andere Unternehmensberatungen in Unternehmen eingeführt (z.B. ABB Schweiz, Bahlsen, BASF AG, Continental AG, Deutsche Bank AG, Flughafen Hamburg AG, Heidelberger Druckmaschinen AG, Reifen Schwarz, Siemens AG). Der zunehmende Einsatz in klein- und mittelständischen Unternehmen zeigt, dass sich dieses Managementkonzept auch in kleineren Unternehmenseinheiten integrieren lässt.

Die Anforderungen steigen ...

1) Das bisherige externe Berichtswesen informierte die Anteilseigner und potenzielle Investoren über den Stand der finanziellen Leistungsfähigkeit mittels finanzieller Kennzahlen. Allerdings wurde festgestellt, dass inzwischen Investoren und Kreditgeber ihre Entscheidung zu einem Drittel aufgrund nicht finanzieller Messgrößen treffen.
2) Dies wird durch Basel II bestätigt. Bis 2006 müssen sich die Unternehmen einem Rating unterziehen. Bewertet werden dabei neben finanziellen (vergangenheitsorientierten) Größen insbesondere zukunftsorientierte Daten.
3) Angesichts eines zunehmend komplexen und dynamischen Wettbewerbs, z. B. durch die Globalisierung der Märkte und neuen Informations- und Kommunikationstechnologien, wird die Zeit zu einem zunehmend wichtigerem Wettbewerbsfaktor. Die Gültigkeitsdauer von Strategien sinkt. Es entscheidet die schnelle und wirkungsvolle Umsetzung der Strategie über den Erfolg eines Unternehmens.

Wo liegt der Nutzen?[2]

Nur 10 % aller Geschäftsstrategien werden auch wirkungsvoll umgesetzt. Vielfach werden Strategien zwar kommuniziert, es fehlt aber ein Messinstrument für wesentliche Teile der Strategie, sodass oft nur finanzwirtschaftliche Kenngrößen gemessen und kontinuierlich verfolgt werden. In den Unternehmen dominiert oft der kurzfristige Fokus, z. B. bedingt durch vierteljährliche Berichtspflichten oder den Zwang zur Kostensenkung. So werden Fehlentwicklungen in anderen oder längerfristigen Bereichen der verfolgten Strategie oft nicht oder zu spät erkannt. Dies liegt vor allem daran, dass geeignete Instrumente fehlen, mit denen man die Balance zwischen langfristigen Strategien und den notwendigen kurzfristigen Veränderungen herstellen und steuern kann.

Die Balanced Scorecard stellt die Verbindung zwischen der Messung und der Verbesserung von Leistungen her. Der Einsatz dieses Instruments zwingt das Management dazu, eine Geschäftsstrategie zu entwickeln und deren Umsetzung in allen Bereichen systematisch und konsequent zu verfolgen.

1 In Anlehnung Horváth & Partner (Hrsg.): Balanced Scorecard umsetzen, Stuttgart 2000, S. 9.; Morganski, Bernd :Balanced Scorcard auf dem Weg zum Klassiker, München 2001 S. 26.

2 Quelle: www.experteam.de/startd/publikationen/Artikel/Ber596.htm (22.01.2003).

ENTWICKLUNG UND UMSETZUNG VON STRATEGIEN ALS MÖGLICHKEIT DER UNTERNEHMENSSTEUERUNG

Controlling und Unternehmenssteuerung – Gruppe C

Zusatzinformation Balanced Scorecard Gruppe C

IB 56

Grundidee und Aufbau der Balanced Scorecard[1]

Die BSC verbindet Ziele und Kennzahlen, die aus der Vision und Strategie des Unternehmens abgeleitet werden. Dabei werden finanzielle Kennzahlen vergangener Leistungen um nichtfinanzielle Kennzahlen sowie treibende Faktoren zukünftiger Leistung ergänzt. Die Leistungen des Unternehmens werden aus der Sicht seiner Interessengruppen (Stakeholder) entsprechend der vier Perspektiven *Finanzen, Kunden, interne Prozesse und Lernen/Entwicklung* beurteilt. Dabei stehen finanzielle und nichtfinanzielle Messgrößen nicht einfach nebeneinander, sondern sie ergänzen sich. Im Mittelpunkt der vier Perspektiven stehen Vision und Strategie. Sie bilden den Ausgangspunkt, um schrittweise die wichtigsten Ziele, Kennzahlen, Vorgaben und Maßnahmen für jede einzelne Perspektive top-down abzuleiten. Die ganzheitliche Sichtweise der BSC bildet den Rahmen zur Umsetzung einer Strategie in operative Größen.

Finanzperspektive ...

Die Frage dieser Perspektive lautet: ***Welche Zielsetzungen leiten sich aus den finanziellen Erwartungen unserer Kapitalgeber ab?***

Diese Perspektive berücksichtigt die Interessen der Anteilseigner (Shareholder). Sie enthält finanzielle Kennzahlen, die die finanziellen Ziele charakterisiert.

Die finanzielle Perspektive repräsentiert die ertragsorientierten Ziele des Unternehmens. Jede unternehmerische Handlung ist letztlich darauf ausgerichtet, die Rentabilität zu steigern, da die Anteilseigner und Fremdkapitalgeber eine maximale Verzinsung ihres Geldes erwarten.

Im Unternehmensalltag werden eine Vielzahl finanzieller Kennzahlen genutzt. Doch viele dieser Kennzahlen sind unnötig, da sie nicht als Mittel zur Umsetzung der strategischen Zielstellung verwendet werden. Im Konzept der Balanced Scorecard werden daher nur die Kennzahlen erfasst, die einen direkten Bezug zur Unternehmensstrategie aufweisen.

Beispiele hierfür sind:

Gewinn, Kosten, Umsatz, Umsatzwachstum, Umsatzanteil, Eigenkapitalrentabilität, ...

Kundenperspektive ...

Die Frage dieser Perspektive lautet: ***Welche Ziele sind hinsichtlich Struktur und Anforderungen unserer Kunden zu setzen, um unsere finanziellen Ziele zu erreichen?***

Mit der Kundenperspektive sollen die Kundenwünsche und -bedürfnisse identifiziert werden, damit das Unternehmen konkurrenzfähig bleibt. Diese Perspektive dient der Erreichung der finanziellen Ziele, da beispielsweise eine hohe Kundenzufriedenheit zum finanziellen Erfolg führt.

Startet man in deutschen Unternehmen eine Umfrage „Wer bezahlt Ihr Gehalt?" ist das Ergebnis zu mehr als 90 %, „das Unternehmen" oder „der Chef". Es wird übersehen, dass erst der Kunde die Gehaltszahlungen ermöglicht. Das Bewusstsein, dass das Unternehmen zunächst den Zweck hat, die Bedürfnisse der Kunden zu befriedigen, ist in deutschen Unternehmen zu wenig vorhanden. Dies ist der Grund, warum Kundenorientierung und Service eine noch zu geringe Rolle in deutschen Unternehmen einnehmen.

Beispiele sind:

Kundenzufriedenheit, Marktanteil, Lieferzuverlässigkeit, Kundentreue, ...

---

1 www.symposion.de/qw/qw_08.htmlltop (22.01.2003).

Entwicklung und Umsetzung von Strategien als Möglichkeit der Unternehmenssteuerung

Prozessperspektive ...

Die Frage dieser Perspektive lautet: ***Welche Ziele sind hinsichtlich unserer Prozesse zu setzen, um die Ziele der Finanz- und Kundenperspektive erfüllen zu können?***

Prozesse sind eine Abfolge von zusammengehörigen Tätigkeiten. Sie haben einen Anfang und ein Ende. In dieser Perspektive müssen diejenigen Prozesse (z.B. Betriebsprozesse, Kundendienstprozesse Innovationsprozesse von neuen Produkten, ...) abgebildet werden, die vornehmlich von Bedeutung sind, um die Ziele der Finanzperspektive und der Kundenperspektive zu erreichen. Je nach Strategie gewinnen unterschiedliche Prozesse stärker an Bedeutung.

Die abgebildeten Prozesse müssen effizient gestaltet sein, d.h. zwischen den einzelnen Prozessschritten dürfen keine erheblichen zeitlichen Brüche auftreten. Ferner müssen überflüssige Prozessschleifen vermieden werden.

Beispiele sind:

Ausschussquote, Time-to-Market, Produktionsdurchlaufzeit, Dauer der Reaktionszeit, z.B. bei Anfragen, bei Beschwerden, ...

Mitarbeiterperspektive ...

(auch Potenzialperspektive oder Lern- und Entwicklungsperspektive)

Die Frage dieser Perspektive lautet: ***Welche Ziele sind hinsichtlich unserer Potenziale zu setzen, um den aktuellen und zukünftigen Herausforderungen gewachsen zu sein ?***

Zufriedene, gut ausgebildete Mitarbeiter sind das wichtigste Kapital für moderne Unternehmen. Die Notwendigkeit von Investitionen in die Zukunft müssen hier besonders betont werden.

Drei Hauptkategorien werden unterschieden:

- Qualifizierung von Mitarbeitern,
- Leistungsfähigkeit des Informationssystems sowie
- Motivation von Mitarbeitern.

Hiermit wird der Blick auf die Fähigkeiten und Potenziale der Mitarbeiter, aber auch auf die Nutzung der Informationstechnologie gerichtet. Aufgrund ihrer langfristigen Wirkung ist diese Perspektive von besonderer Bedeutung für alle Unternehmen.

Beispiele sind:

Mitarbeiterzufriedenheit, Fluktuationsquote, Schulungsquote, Verbesserungsvorschläge, Mitarbeitertreue, ...

Entwicklung und Umsetzung von Strategien als Möglichkeit der Unternehmenssteuerung

Controlling und Unternehmenssteuerung – Gruppe D

IB 57

Zusatzinformation
Balanced Scorecard Gruppe D

Schaubild 1:

Phasen der Einführung einer Balanced Scorecard[1]

Schaubild 2:[4]

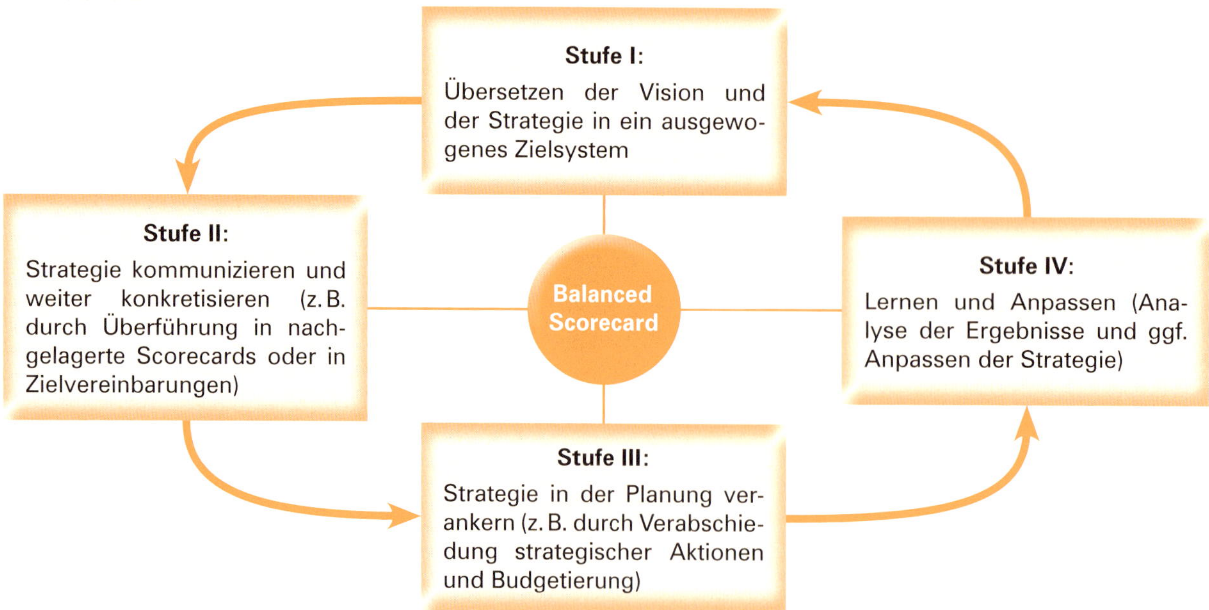

1 http://www.walter-abel.at/Deutsch/Dokumente/Balanced%20Scorecard.pdf, S. 12.
2 Bewusstsein, Aufmerksamkeit.
3 Verfahren zur schnelleren Herstellung von Musterbauteilen.
4 Hovárth & Partner (Hrsg.)2000: Balanced Scorecard umsetzen, Stuttgart , S. 14.

Entwicklung und Umsetzung von Strategien als Möglichkeit der Unternehmenssteuerung

Die *erste Stufe* **„Übersetzen der Vision"** soll der Unternehmensleitung helfen, die richtige Strategie zu identifizieren und diese in ein umsetzungsorientiertes Modell zu überführen.

In der *zweiten Stufe* **„Strategie kommunizieren und weiter konkretisieren"** wird die Strategie an die hierarchisch folgenden Ebenen kommuniziert und dort weiter ausgestaltet. Dabei können bereichsspezifische und individuelle Ziele mit der Strategie abgestimmt werden, um so das Verständnis und die Identifikation aller Beteiligten hinsichtlich der langfristigen Zielsetzungen sicherzustellen.

Im Rahmen der *dritten Stufe* **„Geschäftspläne aufstellen"** wird mithilfe der Balanced Scorecard eine an der Strategie des Unternehmens orientierte Verteilung der Ressourcen ermöglicht. Sie dient als Grundlage für das Berichts-, Planungs-, Steuerungs-, Informations- und Anreizsystem.

Die *vierte und letzte Stufe* **„Lernen und Anpassen"** dient der Analyse und dem Hinterfragen der erreichten Ergebnisse und erleichtert die Anpassung an eine neue Strategie.

Zielformulierung bei der SWI Schweißtechnik AG

IB 58

Gruppe A „Finanzen"

Die **Finanzperspektive** repräsentieren Herr Kollenbach und Herr Müsing.

Herr Kollenbach steht dem ganzen Projekt sehr skeptisch gegenüber:

> Die scharfe Kritik an den finanziellen, vergangenheitsorientierten Kennzahlen kann er nicht verstehen. „Sie sind das, was unter´m Strich rauskommt, und allein das zählt. Wirtschaftliche Selbstständigkeit kann das Unternehmen nun mal nur dann erreichen, wenn es ein ordentliches Unternehmensergebnis erzielt. Die Gesellschafter wollen eine hohe Eigenkapitalrendite. Sie wollen ihr eingesetztes Kapital vernünftig verzinsen. Je höher das Unternehmensergebnis, desto besser. Durch internationales Wachstum lässt sich das sicherlich erreichen. Aber das bedeutet auch ein hohes Risiko und zunächst Investitionen. Doch eigentlich geht es doch momentan darum, die Kosten zu reduzieren. Die höheren Preise für Rohstoffe können nicht an den Handel weitergegeben werden. Dies schlägt sich auf den Gewinn nieder und geht gerade zu Lasten des Unternehmensergebnisses."

Herr Müsing teilt diese Meinung nicht:

> „Herr Stamm macht das richtig. Nur so ist das Unternehmen zu retten, ansonsten geht es uns so wie den vielen anderen in der Metallbranche. Wir müssen gerade jetzt investieren, um neue Produkte zu entwickeln und neue Märkte zu erschließen. Damit wir nicht in die Verlustzone rutschen, müssen wir gleichzeitig die Kosten überall senken, wo es nur geht. Die Gefahr liegt darin, dass sich das Unternehmen in zwei Bereiche spaltet, und zwar in einen neuen Teil (in dem viel investiert wird) und einen alten Teil (in dem permanent Kosten gesenkt werden). Denn nur so haben wir eine Chance, unser Unternehmensergebnis langfristig zu steigern."

Entwicklung und Umsetzung von Strategien als Möglichkeit der Unternehmenssteuerung

Gruppe B „Kunden"

Die **Kundenperspektive** repräsentieren Herr Leyer und Herr Schmitt.

Herr Leyer:

In den letzten Jahren sind die Rohstoffpreise in die Höhe geschossen. Zum einen müssen wir deshalb die Preise erhöhen, um den Umsatz zumindest zu halten. Langfristig brauchen wir neue Produkte, z. B. Schweißroboter für die Automobilindustrie oder mobile Schweißanlagen usw. Zum anderen müssen wir neue Kundengruppen erschließen. Doch da konkurrieren wir mit vielen anderen Anbietern. Der Entwicklungsprozess muss vom Vertrieb begleitet werden, das ist klar. Außerdem sollten wir überlegen, ob nicht die bestehenden Kontakte im Ausland intensiviert werden, um dadurch weitere neue Kunden im Ausland zu gewinnen."

Herr Schmitt fragt sich, warum Herr Leyer, der als Vertriebsleiter für Marketing zuständig ist, nicht schon längst eine Marketingagentur beauftragt hat, Fakten auf den Tisch zu legen:

Marktstudien, Marktbeobachtung, Marktforschung ... . Er erzählt immer nur, was er verkaufen könnte, wenn wir die richtigen Produkte hätten. Aber wie sehen die „richtigen" Produkte aus? Niemand investiert, nur weil Herr Leyer meint ... . Er ist derjenige, der anfangen muss! Allerdings muss sich die Kundenbetreuung auch verbessern. Gerade in der letzten Zeit gab es häufig Kundenbeschwerden über die mangelnde Betreuung. Das mag daran liegen, dass im Vertrieb gerade zwei Mitarbeiter krank sind. Aber so etwas darf einfach nicht sein!

Gruppe C „Prozesse"

Die **Prozessperspektive** repräsentieren Herr Pelzer und Herr Wien.

Herr Wien:

„Mit der Strategie haben wir zwei ganz konkrete Ziele. Erstens: neue Produkte entwickeln. Dazu müssen wir mit dem Vertrieb zusammenarbeiten. Aber die sind ja nie da. Zweitens: bei den Schweißanlagen müssen wir auf höchste Qualität achten. Unsere Produkte müssen den hohen individuellen Anforderungen unserer Kunden entsprechen, d. h. es muss gewährleistet sein, dass kurzfristig Veränderungen vorgenommen werden können. Das heißt, wir müssen die Produktion umstrukturieren. Dazu müssen wir den Produktionsprozess umstrukturieren und neu organisieren. Durch den Einsatz veränderter Produktionsanlagen wären wir dann auch in der Lage, schneller und effektiver zu fertigen."

Herr Pelzer:

„Außerdem müssen wir unsere Logistikprozesse optimieren. Unser Lagerbestand ist viel zu hoch. Sowohl bei den Rohstoffen, als auch bei den Fertigprodukten. Termingerechte Lieferung heißt ja nicht, dass wir Schweißgeräte im Lager vorrätig halten müssen, denn das bindet unnötig Kapital. Unsere Lieferanten sollten just-in-time liefern. Dann sparen wir sowohl Lagerkosten als auch personelle Ressourcen. Die Rohstoffe, Hilfsstoffe und Betriebsstoffe, wie Schmierfette, Reinigungsmittel usw. stehen auch überall rum. Wir haben kaum noch Platz. Wir müssen die Fertigung so gestalten, dass wir Hand-in-Hand arbeiten, so wie früher mal."

Entwicklung und Umsetzung von Strategien als Möglichkeit der Unternehmenssteuerung

Herr Weide:

„Der gesamte Kundenservice muss auf ein mögliches Wachstum auf dem chinesischen und indischen Markt vorbereitet werden. Das bedeutet, wir brauchen mehr Know-How im Bereich Import und Export. Die Auftragsabwicklung muss auch mit ausländischen Kunden umgehen. Sie brauchen Fremdsprachenkenntnisse und außerdem Erfahrung in der Zollabwicklung. Vielleicht können wir aus dem Einkauf dabei behilflich sein, weil wir unsere Rohstoffe zunehmend aus dem Ausland beziehen."

Gruppe D „Mitarbeiter"

Die **Mitarbeiterperspektive** repräsentieren Herr Blattner und Herr Wilsberg.

Herr Blattner:

„Die Strategie gibt wieder Zuversicht: Wer unser Unternehmen kennt und diese Strategie sieht, merkt den Veränderungswillen und die Investitionsbereitschaft unserer Geschäftsführung. Das ist mutig, gerade in dieser Zeit! Veränderungen erfordern von den Mitarbeitern insbesondere Flexibilität und Engagement. Sie müssen sich absolut für die gemeinsamen Ziele einsetzen und vernünftig miteinander kommunizieren. In der letzten Zeit war die Stimmung ziemlich mies, das muss sich ändern. Wir müssen die Zusammenarbeit im Unternehmen fördern und sollten die Feedback-Kultur verbessern."

Herr Wilsberg:

„Außerdem müssen wir unbedingt die Entwicklungskompetenz unserer Mitarbeiter steigern. Sie brauchen Wissen, Kreativität, Ideen und müssen mit Begeisterung bei der Sache sein. Vielleicht müssen wir auch neue Mitarbeiter einstellen. Um neue Produkte zu entwickeln, brauchen wir jemanden, der sich nur darum kümmert. Die Vertriebsmitarbeiter wissen vielleicht, welche Produkte wir brauchen, aber sie sind immer unterwegs. Wir brauchen einen Produktmanager, der sich dafür voll und ganz einsetzt. Offenheit zur Zusammenarbeit mit Partnern aus dem In- und Ausland ist nur zu erreichen, wenn unsere Mitarbeiter auch mal rauskommen. Sie brauchen Gelegenheiten, um sich mit anderen Kollegen aus der Branche auszutauschen und Anstöße für neue Ideen zu erhalten. Außerdem müssen wir die Mitarbeiter unterstützen, ihre Fremdsprachenkenntnisse aufzufrischen."

21 Korte - ISBN 978-3-8120-1029-0

Entwicklung und Umsetzung von Strategien als Möglichkeit der Unternehmenssteuerung

Einschätzung der Rolleninhaber

PB 24

Gruppe		Einschätzung der Rolleninhaber
Finanzen	**Herr Kollenbach**	
	Herr Müsing	
Kunden	**Herr Leyer**	
	Herr Schmitt	
Prozesse	**Herr Wien**	
	Herr Pelzer	
	Herr Weide	
Mitarbeiter	**Herr Blattner**	
	Herr Wilsberg	

Entwicklung und Umsetzung von Strategien als Möglichkeit der Unternehmenssteuerung

Umsetzung einer Balanced Scorecard

PB 25

	Strategische Ziele	Messgrößen	Zielwerte	Strategische Aktionen
Finanzen				
Kunden				
Prozesse				
Mitarbeiter				
Umwelt				

ENTWICKLUNG UND UMSETZUNG VON STRATEGIEN ALS MÖGLICHKEIT DER UNTERNEHMENSSTEUERUNG

IB 59

Strategiekarte von Mobil Oil

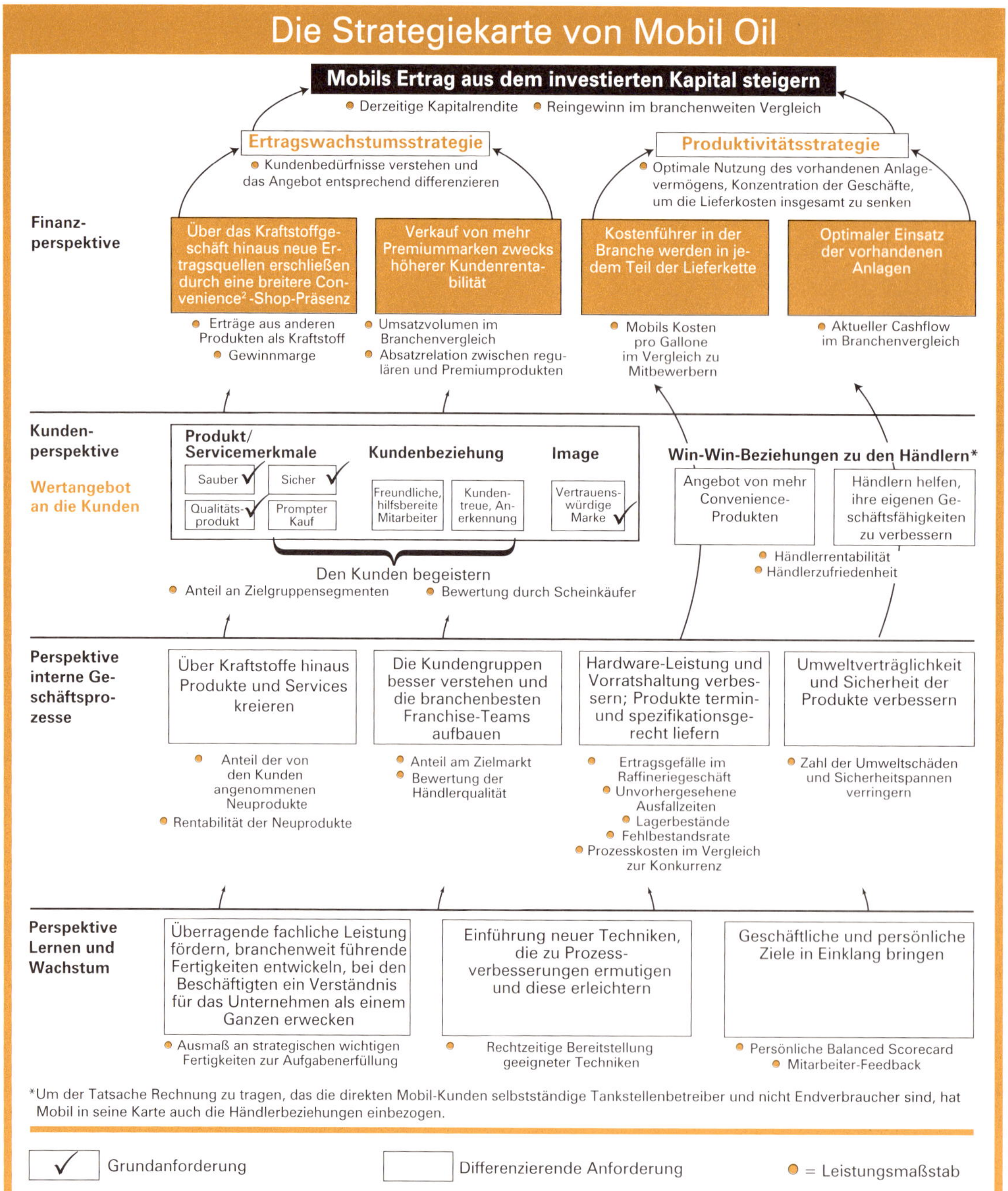

Zu sehen ist hier die Strategiekarte, die der Mobil North American Marketing and Refining dazu diente, sich selbst von einem zentral gesteuerten Massengüter-Hersteller in eine dezentralisierte, strikt kundenorientierte Organisation zu verwandeln. Ein wichtiger Teil dieser Strategie bestand darin, Kunden anzusprechen, die bereit waren, für Benzin auch einen Premiumpreis zu zahlen, wenn sie dafür an der Tankstelle schnell und freundlich bedient werden und dort einen exzellenten Convenience-Shop vorfinden. Die Käufe dieser Kunden verhalfen Mobil zu höheren Gewinnmargen und höheren Erträgen bei den anderen Mineralölerzeugnissen. Dank der hier gezeigten Strategiekarte konnte Mobil seinen Cashflow um mehr als eine Milliarde Dollar pro Jahr steigern.

Quelle: Kaplan, R.S./Norton, D.P. (2004): Wie Sie die Geschäftsstrategie den Mitarbeitern verständlich machen, in: Harvard Business Manager: Balanced Scorecard – Unternehmen erfolgreich steuern, Hamburg: manager magazin Verlagsgesellschaft mbH, S. 58.

Entwicklung und Umsetzung von Strategien als Möglichkeit der Unternehmenssteuerung

Ausgangssituation

Abschlussveranstaltung

AB 36

Einladung

Ort des Workshops: Verwaltungsgebäude der SWI Schweißtechnik AG in Papenburg

Zeitpunkt: 01.03.20xx

Beginn: Anreise bis 09:00 Uhr

Teilnehmer:

1. SWI-Vertreter:
   - Herr Corbach
   - Herr Ingenkamp
   - Herr Müsing
   - Herr Pelzer
   - Herr Stamm
   - Herr Wenger
2. Mitarbeiter der Wirtschaftsberatungsgesellschaft Hansen & Partner
   - Herr Hansen
   - Frau Heinen
   - Herr Möllers

Tagesordnungspunkte

TOP 1: Begrüßung und Einführung durch Herrn Stamm

TOP 2: Kritische Würdigung der Umstrukturierungsmaßnahmen in der SWI Schweißtechnik AG
- Inhaltliche Auseinandersetzung
- Methodische Auseinandersetzung

TOP 3: Diskussion der gegenwärtigen Unternehmensstrategie sowie der persönlichen Zielsetzungen der Geschäftsleitung.

TOP 4: Dank an Beteiligung der Beratungsgesellschaft für Unterstützung und Dank an alle Beteiligten für Ihre Mitarbeit.

Arbeitsauftrag

1. Bilden Sie sieben Gruppen (alte Zusammensetzung, wie zu Beginn des 1. Workshops)!
2. Sie sind Mitarbeiter im Unternehmen der SWI Schweißtechnik AG und bereiten die Tagesordnungspunkte 2 und 3 vor!
3. Präsentieren Sie Ihre Ergebnisse.
4. Ausblick (IB 60).

Entwicklung und Umsetzung von Strategien als Möglichkeit der Unternehmenssteuerung

Aktuelle Trends der strategischen Unternehmensführung[1]

IB 60

Auch wenn die Zukunft unbekannt bleiben wird, liegen ihre Wurzeln doch in der Gegenwart und Vergangenheit. Aus dem, was wir heute beobachten, können wir viele wichtige Entwicklungen der nächsten Jahre ableiten. Die Trends, die wir in der Wissenschaft und Technologie, der wirtschaftlichen Entwicklung, der Regierungspolitik, der Sozialstruktur, der Demographie und dem Lebensstil erkennen können, werden die Geschäftsumwelt für den Rest dieses Jahrzehnts formen. Wir haben einige der Quellen von Wettbewerbsvorteilen in neu entstehenden Geschäftsumwelten betrachtet sowie die korrespondierenden Fähigkeiten, die Unternehmen entwickeln und einsetzen müssen. Einige der entscheidendsten, jedoch auch schwierigsten Fragestellungen betreffen die Organisationsstrukturen, Managementsysteme und Führungsstile, die notwendig sind, um diese Fähigkeiten aufzubauen und anzuwenden. Die organisatorischen Konfigurationen, die in den letzten zwei Jahrzehnten des 20. Jahrhunderts so erfolgreich waren, sind vermutlich wenig geeignet, den Unternehmen in diesem ersten Jahrzehnt des 21. Jahrhunderts ebenso gut zu dienen.

Neu entstehende beziehungsweise sich weiterentwickelnde Theorien und Konzepte der Komplexität, der Selbstorganisation, des Wissensmanagements und der strategischen Führung können unsere bestehenden Standardwerkzeuge der strategischen Unternehmensführung ergänzen. Noch ermutigender ist die Tatsache, dass Experimente und Innovationen vor Ort, das heißt in der Unternehmenspraxis, übertragbare Lehren und Erkenntnisse bieten, die sich für eine breiter angelegte Anwendung eignen und den Samen für neue Prinzipien und Modelle bilden. Die „Honigwaben"-Struktur von AES, das Allianzen-Netzwerk von Sun Microsystems, das System der „biologischen Selbstkontrolle" der Kao Corp, Yahoos Strategie der „strukturierten Entstehung" und die „Spaghetti-Organisation" von Orticon schlagen neue Managementansätze speziell für komplexe und sich schnell verändernde Wettbewerbsumwelten vor.

Die strategische Unternehmensführung bleibt stark abhängig von Konzepten und Theorien, die mehr oder weniger Bezug nehmen auf die grundlegenden Wissenschaftsdisziplinen wie die Ökonomie, Soziologie, Psychologie, Biologie und Systemtheorie. Ein vielversprechendes Charakteristikum der letzten Jahre war die größere Verbindung beziehungsweise Überlappung zwischen diesen Disziplinen sowie zwischen Theorie und Praxis. Ein Indikator für den Fortschritt ist, dass die strategische Unternehmensführung sich zunehmend davon befreit, Ideen und Ergebnisse von Nachbardisziplinen zu „importieren", ohne eigene Erkenntnisse zu „exportieren". In Bereichen wie der Wettbewerbsanalyse, den Einflussgrößen der langfristigen Rentabilität, der Organisationsgestaltung und dem Technologiemanagement sind es Wissenschaftler der strategischen Unternehmensführung, die Neuland betreten und zunehmend das Denken der benachbarten Disziplinen beeinflussen.

Die Zukunft hat jedoch noch schwierige Herausforderungen bereit. Je mehr die bestandsmindernden, wenig innovativen Möglichkeiten der Wertschöpfung durch Gesundschrumpfung, Refokussierung, Restrukturierung und Reengineering ausgeschöpft sind, desto mehr sehen sich die Manager gezwungen, auf der Suche nach neuen Quellen von Wettbewerbsvorteilen neues Territorium zu erforschen. Als Folge der Technologie-Euphorie der späten 90er Jahre ist offensichtlich geworden, dass neue Wertquellen schwer erfassbar und gleichzeitig flüchtig sind. Auch wenn die grundlegenden Werkzeuge der Strategieanalyse – das heißt insbesondere die Branchenanalyse und die Analyse der Ressourcen und Fähigkeiten – weiterhin gültig und robust bleiben, so wird doch deutlich, dass wir unsere Konzepte und Modelle ständig weiterentwickeln werden müssen, um den Bedingungen von morgen gerecht zu werden. Die Herausforderung besteht darin, dass was wir wissen anzuwenden, zu erkennen, was wir nicht wissen und reflektierende Beobachtungen zu betreiben, um unsere Wissensdomäne auszuweiten.

1 Grant, R. M., u. a.: Strategisches Management, Analyse, Entwicklung und Implementierung von Unternehmensstrategien, Pearson Studium, 5. Auflage 2006, S. 664 f.

ENTWICKLUNG UND UMSETZUNG VON STRATEGIEN ALS MÖGLICHKEIT DER UNTERNEHMENSSTEUERUNG

Zusammenfassung mit Kartenmethoden

PB 26

Arbeitsauftrag

1. Sortieraufgabe: Begriffskarten werden individuell nach „weiß ich" und „weiß ich nicht" geordnet.
2. Strukturlegen: Begriffskarten werden in eine sinnlogische Struktur gelegt.[1]
3. Erklären Sie kurz mit eigenen Worten jeden Begriff.

Shareholder-Value	
Stakeholder-Value	
Controlling	
Strategisches Controlling	
Operatives Controlling	
Anlageintensität	
Verschuldungsgrad	
Deckungsgrad	
Gesamtkapitalrentabilität	
Cashflow	
Cashflow-Umsatz-Relation	
EBIT	
EBITDA	
EBIT-Marge	
Leverageeffekt	
Balanced Scorecard	
Ökobilanz	
Nachhaltigkeit	

1 Jede Struktur ist individuell, fachliche Fehler aufgrund falscher Verknüpfung können erkannt und korrigiert werden.

Stichwortverzeichnis